身边的科学

[英]菲奥娜·麦克唐纳
[英]罗杰·卡纳万
[英]安妮·鲁尼 文

[英]大卫·安契姆　[英]马克·柏金　图
唐一辰　肖维青　王勋
肖红冰　徐俊俊　译

改变世界的文明

时代出版传媒股份有限公司
安徽科学技术出版社

[皖]版贸登记号:12181802

图书在版编目(CIP)数据

改变世界的文明 /(英)菲奥娜•麦克唐纳,(英)罗杰•卡纳万,(英)安妮•鲁尼文;(英)大卫•安契姆,(英)马克•柏金图;唐一辰,肖维青,王勰,肖红冰,徐俊俊译. —合肥:安徽科学技术出版社,2018.9(2021.5重印)

(身边的科学)

ISBN 978-7-5337-7549-0

Ⅰ.①改… Ⅱ.①菲…②罗…③安…④大…⑤马…⑥唐…⑦肖…⑧王…⑨肖…⑩徐… Ⅲ.①科学知识—少儿读物 Ⅳ.①Z228.1

中国版本图书馆 CIP 数据核字(2018)第 039929 号

You Wouldn't Want to Live Without Clocks and Calendars!©The Salariya Book Company Limited 2016
You Wouldn't Want to Live Without Writing!©The Salariya Book Company Limited 2016
You Wouldn't Want to Live Without Numbers!©The Salariya Book Company Limited 2017
The simplified Chinese translation rights arranged through Rightol Media (本书中文简体版权经由锐拓传媒取得 Email:copyright@rightol.com)

GAIBIAN SHIJIE DE WENMING

改变世界的文明

[英]菲奥娜•麦克唐纳	[英]大卫•安契姆	唐一辰 肖维青
[英]罗杰•卡纳万	[英]马克•柏金 图	王 勰 肖红冰
[英]安妮•鲁尼 文		徐俊俊 译

出 版 人:丁凌云　　　选题策划:张 雯　　　责任编辑:陈芳芳
责任校对:沙 莹　　　责任印制:廖小青　　　封面设计:小青鸟
出版发行:时代出版传媒股份有限公司　　http://www.press-mart.com
　　　　　安徽科学技术出版社　　　　　http://www.ahstp.net
　　　　(合肥市政务文化新区翡翠路 1118 号出版传媒广场,邮编:230071)
　　　电话:(0551)63533323
印　　制:安徽芜湖新华印务有限责任公司　　电话:(0553)2307578
　　　(如发现印装质量问题,影响阅读,请与印刷厂商联系调换)

开　本:889×1194　1/24　　印张:6　　字数:180 千
版　次:2018 年 9 月第 1 版　　2021 年 5 月第 3 次印刷

ISBN 978-7-5337-7549-0　　　　　　　　　　　　　　定价:28.80 元

版权所有,侵权必究

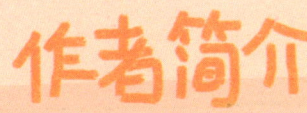

作者简介

文字作者：

菲奥娜·麦克唐纳，曾在英格兰的剑桥大学和东英吉利大学学习历史。她在中学和大学都教授过成人教育课程，撰写过许多部历史题材的儿童读物。

罗杰·卡纳万，一位很有成就的作家，曾创作、编辑和协作完成10多本有关科学和其他教育主题的图书。他有三个孩子，在他探求知识的路上，他们是最为严厉的批评家，也是他志同道合的伙伴。

安妮·鲁尼，曾在英国剑桥大学学习英语，获得哲学博士学位。她在几所英国大学任过教职，目前是剑桥大学纽纳姆学院的皇家艺术基金会成员。安妮已经出版150多本儿童及成人图书，其中有几本书的内容是关于科学及医学史的。她也创作儿童小说。

插图画家：

大卫·安契姆，1958年出生于英格兰南部城市布莱顿。他曾就读于伊斯特本艺术学院，在广告界从业了15年，后成为全职艺术工作者。他为大量非小说类童书绘制过插图。

马克·柏金，1961年出生于英国的黑斯廷斯市，曾在伊斯特本艺术学院读书。柏金自1983年后便开始专门从事历史重构以及航空航海方面的研究。他与妻子和三个孩子住在英国的贝克斯希尔。

编者寄语

亲爱的孩子们,你有没有注意到我们的身边有很多微小的平凡事物?它们就在那里,普通得你几乎忽略了它们的存在。

黑夜里照亮我们房间的光来自哪里?电。

让我们感知健康的标志之一是什么?疼痛。

我们日复一日地生活,用什么来衡量时间?日历和钟表。

可以让大家保持清洁的发明是什么?肥皂。

脚下踏着的、我们赖以生存的根本是什么?土壤。

……

这样的问题,我们随口都可以问上一整天。可是,你想过没有,如果世界上缺少了它们,我们的生活会变成什么样呢?

《身边的科学》这套书就能很好地解决以上这些问题。本书一共分为三个主题:

"时间都去哪儿了"跟我们讲述了人类没有历法纪年以前的生活状态,随着时间推移,各国有了自己的历法,人类发明了时钟,世界统一了时间,整个世界变得井井有条。

"书写,让你更懂我",顾名思义,有了文字,我们才能更好地保留下历史的印记,让彼此的沟通更加精确和顺畅,文字和语言的演变也在书中一一呈现,展现文字的魅力和力量。

"数字,淘气的小字符"带着我们学习各种计数法,了解数字在生活中的不同应用,如交易、测量、标识号码、时间等,还会探讨数字的非凡意义。

这些平凡的小事物在默默无闻中发挥着各自的作用,让整个世界正常运行,让我们的生活越来越美好。我想,没有人愿意失去它们中的任何一个!让我们时刻怀着一颗感恩的心,关注微小的事物,体会生活的美好,发掘身边的科学中隐藏的魅力吧!

时间都去哪儿了

时钟和历法大事年表…………3
世界上的历法………………4
导读…………………………5
一年四季……………………6
月、周、日、时……………9
第一种计时工具……………12
时间如流水…………………15
随风而逝的时间……………18
"轮子"的世界………………21
摆来摆去的钟………………24
随身带的时钟………………27
全球的时间…………………30
抬头不见低头见……………33
只是一个钟…………………36
时间主导一切？……………39
术语表………………………42

计时…………………………44
钟表之最……………………45
你知道吗？…………………46

书写，让你更懂我

书写大事年表………………48
新鲜出炉！…………………49
导读…………………………50
我们究竟为什么需要文字呢？…51
第一个使用文字的人是谁？…54
你知道文字是如何演变
 而来的吗？………………57
嗨！这些字母的秘密
 是什么？…………………60
哪些人识字？………………63
这些羽毛笔的秘密是什么？…65
没有文字，你还能生存吗？…68

文字有言外之意吗? ………… 71
笔墨胜于刀剑? …………… 74
我们能够读懂以前的
　文字吗? ………………… 76
没有文字,人们能够交流吗? … 79
未来的世界会是怎样? ……… 82
术语表 ……………………… 85
不断变化的语音 …………… 87
最长的 5 个单词 …………… 88
你知道吗? ………………… 89

数字,淘气的小字符

数字大事年表 ……………… 91
全世界的数字系统 ………… 92
导读 ………………………… 93
什么是数字? ……………… 94
数字可以相加吗? ………… 97

数字从哪里来? …………… 100
10 是多少? ………………… 103
如果你无法计数怎么办? … 105
让数字工作 ………………… 108
零以下的数 ………………… 111
数字、代码和标号 ………… 114
你有时间吗? ……………… 117
精确的数字带给
　我们安全 ………………… 120
数字并不需要我们 ………… 123
你想让数字离开你的
　生活吗? ………………… 126
术语表 ……………………… 129
关于数字的奇妙事实 ……… 131
最佳计数工具 ……………… 132
你知道吗? ………………… 133
致谢 ………………………… 134

时钟和历法大事年表

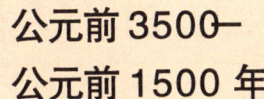

公元前 30000—公元前 15000 年
古代欧洲的猎人们发明了划分时间的方法，这是人们已知的最早历法。

公元前 3500—公元前 1500 年
古埃及人发明了日晷和水钟。

公元前 3114 年
玛雅人以及中美洲的其他一些部落开始用历法计时。

约公元前 500 年
在亚洲和欧洲，人们开始使用蜡烛计时。

约 1300 年
欧洲有人制造了机械时钟。

1450—1550 年
德国的锁匠发明了发条时钟，并制造了最初的手表。

1728—1761 年
一位名叫哈里森的英国木匠发明了天文台表，它可以在漫长的航海过程中准确地显示时间。

1884 年
格林尼治子午线确立，成为"世界时区"的起点。

1927 年
美国的玛丽森和霍尔顿发明了石英钟。

2014 年
一群美国科学家制造了锶晶格原子钟，预测能够准确计时 50 亿年。

1949 年
拉比在美国发明了计时精准的原子钟。

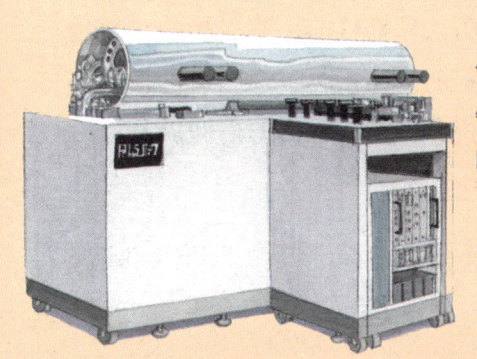

世界上的历法

人们如何划分时间？

古埃及人和雅典人

阿拉伯人

古代中国人和犹太人

钟表能告诉我们时间的流逝，而历法则能告诉我们怎样有规律地划分时间。我们可以根据历法的划分来计算时间，记录过去、现在发生的事件，甚至可以根据历法推测将来的时间。各种历法流传到今天，有的是用笔记录的，有的是刻在石头上的。我们现在也可以把它们输入电脑保存，或是记在自己的脑子里。

在历史上的不同时期，世界各地都有不同的历法。有的历法根据日、月、星辰的运行规律来划分时间，有的根据季节的变化，有的根据重大事件，还有很多历法与人们的信仰以及神话传说息息相关。

大约1500年，阿兹特克历法石由中美洲的墨西哥人创造。

导 读

假如你生活在一个既没有时钟也没有历法的世界里。在这儿，没有人知道现在几点，也没有人知道今天是星期几，更没有人知道现在是什么年代。在这儿，公交车、火车、飞机都不准时，商店也不按时营业，连在学校里上课都不按时，你更不知道什么时候才可以下课。在这儿，没有假期，没有节日，甚至连生日都没有，你都不知道自己活了多少岁！

幸好，我们聪明的祖先在过去的3万多年中，创造了各式各样的时钟和历法，用它们来测量、记录时间。我们真应该好好地感谢他们啊！

下面，让我们来了解这些形形色色的时钟和历法吧！

图中是一种古老的计时工具，它叫日晷。现在很多人都已经不认识它了，也不知道怎样用它来判定时间。其实，正是这种古老的日晷启发了后来的人发明了时钟。

一年四季

我们首先来到石器时代:现在,你是一名猎人。一到夏天,就会有水牛群在你的帐篷不远处活动。你捕猎这些水牛,然后小心翼翼地把吃剩的肉储存起来,用作过冬的粮食。整个冬天,你都依靠这些水牛肉充饥,等到春天来了,肉也吃完了。于是,你便开始期待夏天的水牛群,它们到底什么时候再次光临呢?你观察着周围的一切,希望发现夏天的踪迹:小草长高变绿了,白天变长了,星星在空中的位置也移动了。一旦出现这类现象,水牛群不久就会出现了。

你把这些经验画成画、刻成图案。恭喜!你发明了世界上第一种历法!

时间 都去哪儿了

You Wouldn't Want to Live Without Clocks and Calendars!

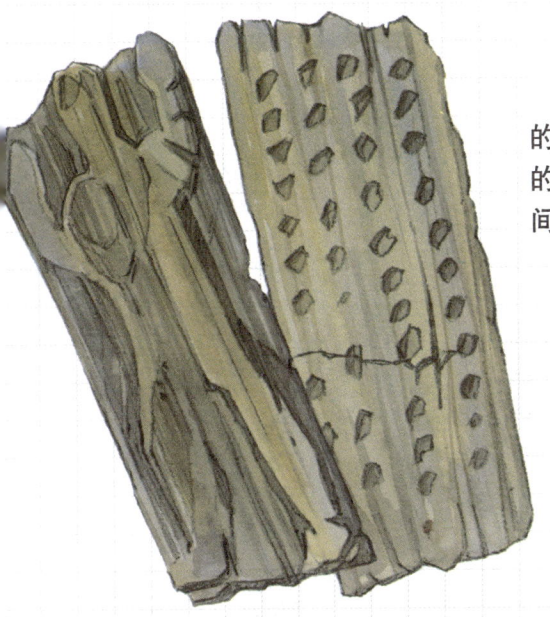

时间的印记。 世界上现存最早的历法，在 3 万多年前被人刻在猛犸象的长牙上，记录了猎户座和九月怀胎时间表。

观星者。 古代东非的波拉纳历法是根据月亮和 7 颗星星的位置变化制定的。它十分精准，直到今天还有人使用。

身边的科学

史前谜团。 在英国的卡拉尼什、刘易斯岛以及苏格兰地区,分布着许多石头群,它们围成一个圈,组成一种神秘的石阵。这种石阵出现在约公元前3000年,它们的用途让人匪夷所思,可能是一种历法,也有可能是一种建筑,比如庙或塔。

重要提示!

请注意季节变化的征兆哦!比如鸟儿搬家、花儿绽放。当然,还有恐怖的潮水!要知道,涨潮会带来漫延的洪水啊!

仙人掌日历。 在人们还没有发明纸的时候,美洲的土著部落曾经用仙人掌记录日期。他们把仙人掌晒干,劈成长条,在上面划分日子,记录重大事件。

月、周、日、时

一天到底从什么时候开始呢？

古埃及人的一天从黎明开始。

时光穿梭几千年，我们来到公元前1500年，那时的历法可比现在复杂得多。世界上不同的文明区域都有自己独特的历法：古巴比伦人把一个月分成30天，一年分成12个月，一天分成24个小时；古犹太人把一周分成7天；古埃及人把一年分成360天，外加5个"额外日"。如今，我们沿用了部分古代的历法，而其他历法则渐渐被遗忘。你喜欢下面哪一种古代历法呢？把一周分成4天（非洲历法）？把一天分成12个时辰（中国历法）？把一年分成18个月（中美洲历法）？

古巴比伦人、古希腊人和古犹太人都认为，一天从傍晚开始。

身边的科学

玛雅人和阿兹特克人都认为,新的一天从中午开始,因为那时太阳升到了天空的最高点。

古罗马人和古代中国人都认为,新的一天从午夜开始。

农夫的一天从鸡鸣开始,因为公鸡的叫声唤醒了他。

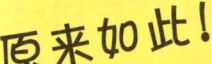

时间都去哪儿了

原来如此！

每个月有多少天？
你可以通过这首小诗记住每个月的长度：
一三五七八十腊，
三十一天永不差，
四六九冬三十整，
年年二月二十八，
闰年二月把一加。
（注：腊指十二月，冬指十一月）

我们下次谈生意到底定在哪一年？

用我们希腊人的说法，那应该是在第194个奥林匹克年[1]。

用我们中国人的说法，那应该是在马年。

1. 译注：在古希腊，人们用奥林匹克运动会来计时，每举办一次奥林匹克运动会为1年。实际上，古希腊的1年相当于现在的4年，因为奥林匹克运动会每4年才举办一次。

第一种计时工具

瞧！ 一根棍子加上一块标有刻度的半圆石盘，很简单吧。只要有阳光，这个简单的装置就能告诉我们时间了。人们给它取名叫日晷。日晷是世上第一种计时工具，大约在5500年前由古埃及人发明，沿用至今。阳光照射棍子，棍子的影子在石盘上指示时间。从黎明到黄昏，太阳在空中的位置不断变化，棍子的影子也随着它移动，在石盘上指向不同的刻度。

怎么搞的！太阳那么大，日晷为什么不能用？

谁有胆解释一下啊？

怎样看日晷？

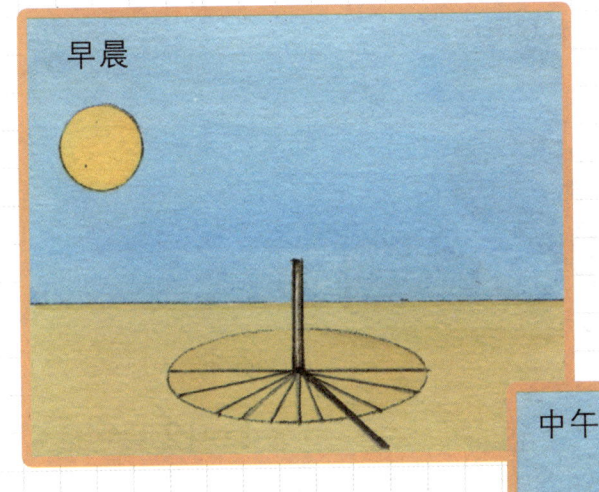

早晨

早晨的太阳位置较低，阳光斜射时，棍子的影子很长，从石盘最开端的刻度开始缓慢移动。

中午的太阳高高挂在头顶，棍子的影子又短又清楚，正好指在石盘中间的刻度上。

中午

傍晚

夕阳西下，棍子的影子又开始拉长，并慢慢向石盘末端的刻度移动。

身边的科学

让我们来学一种**简单的计时方法**吧！古埃及人把一天划分成 12 小时，你就可以用自己的手来计时。很简单，试试吧！

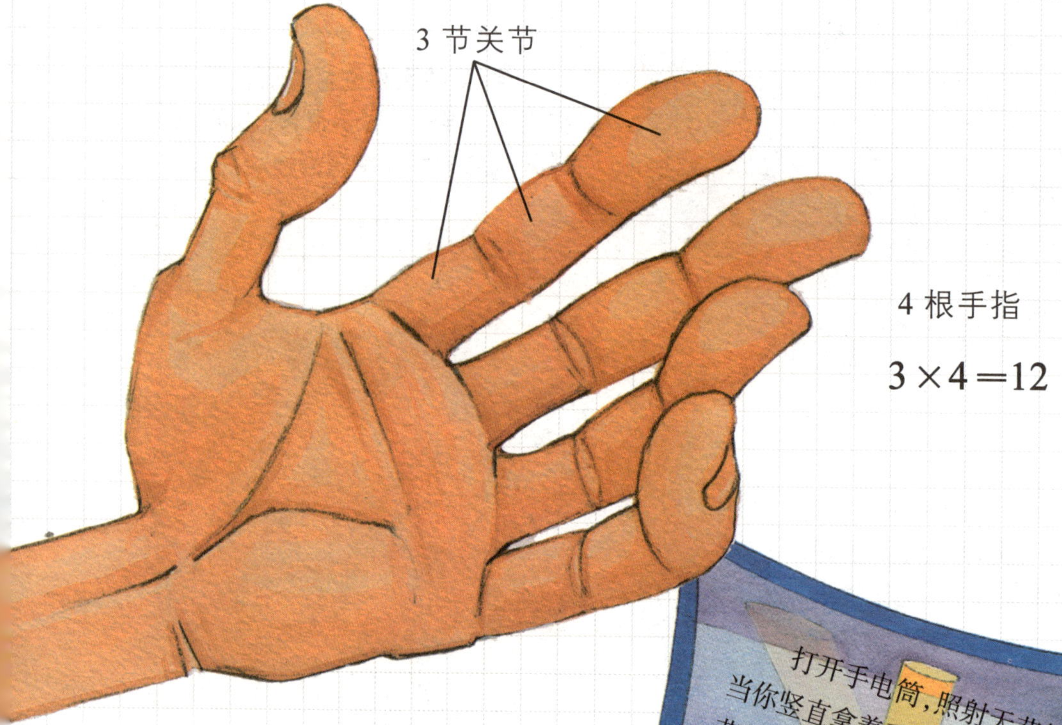

3 节关节
4 根手指
3×4=12

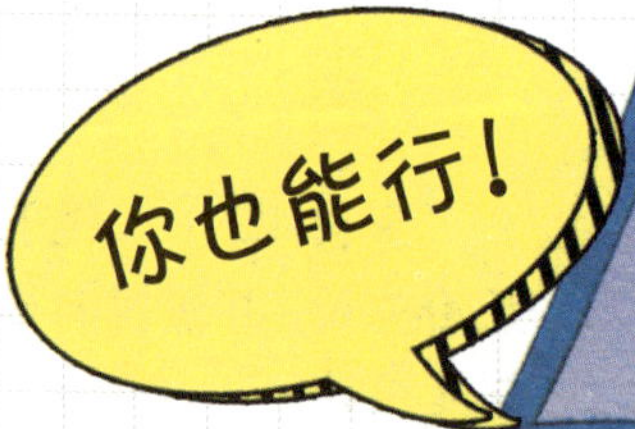

你也能行！

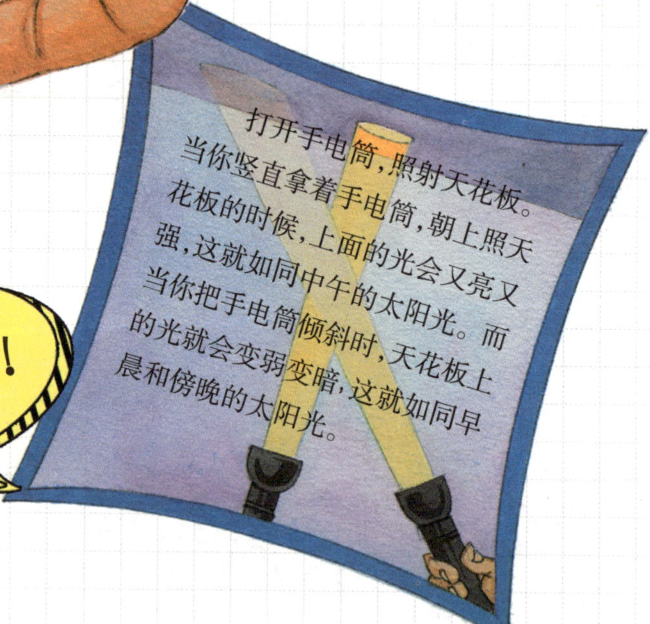

打开手电筒，照射天花板。当你竖直拿着手电筒，朝上照天花板的时候，上面的光会又亮又强，这就如同中午的太阳光。而当你把手电筒倾斜时，天花板上的光就会变弱变暗，这就如同早晨和傍晚的太阳光。

时间如流水

用水计时好吗？

时间从来不会停止！因此，在埃及、希腊及亚洲和美洲的一些国家，最初人们制造的计时工具中，都会用一些能够以固定速度移动的物质。比如流水，很多古人都曾经使用流水来测量时间，也有人用沙子或水银[1]来计时。如果在一个容器内装入一些东西，并让它从容器的一端移动到另一端，人们发现如果装入上述物质，只要是同样的重量，在容器内移动的时间总是一样的。

现在，就让我们来到大约公元前350年的古希腊，见识一下这儿的水钟吧！这时的古希腊，民主制[2]盛行，人们常常会举行集会，他们就用水钟来计时。

一般而言，水钟是很有用的。然而，有时它也无法计时。因为只有稳定的水流才能计时。

水压也很关键。

1. 译注：水银是一种能够流动的金属，我们也可以把它称为液态金属。
2. 译注：在古希腊，成年男性公民都有发言权（妇女、外邦人、广大奴隶是没有发言权的）。他们可以自由地发表观点，讨论治理国家的方法。

随风而逝的时间

是不是觉得水钟计时有点麻烦？用蜡烛计时怎么样？蜡烛燃烧得很慢，而且速度均匀，也是测量时间的理想工具。蜡烛使用起来非常简单，也便于携带。而且，与日晷不同，在没有日光的晚上或是在室内，蜡烛照样可以计时。自从大约 500 年起，人们开始用蜡烛取代使用了几百年的油灯。然而，那时的蜡烛比较贵，燃烧的时候还会滴蜡，一根蜡烛也不可能永远燃烧下去，还有可能引发火灾。此外，蜡烛只能测量大致的时长，却无法显示确切的时间，更无法显示早晚的区别。一旦火灭了，就什么用都没有了。

香烟缭绕。 在亚洲，人们点燃名贵的盘香计时。盘香燃烧得很慢，既可以测量时间，又可以给整个屋子带来香味！

皇家闹钟。 英国的阿尔弗雷德大帝（849—899）曾经把蜡烛当作闹钟使用。他在蜡烛侧面插上一根钉子，这样，当蜡烛燃烧到插钉子的地方，钉子就会掉下来，把他吵醒。

时间都去哪儿了

飞逝的时光。装着细沙的沙漏可比油灯或蜡烛要安全得多，也是很好的计时工具。随着沙粒一粒粒地来回滴漏，时间也飞一般地流逝。但是，沙漏不能在航海中计时，因为如果碰到暴风雨，沙子就无法匀速地滴漏了！

4点啦！一切正常！

如果灯灭了，人们也可以从打更人那儿获悉时间。打更人会按时通知人们何时睡觉、何时起床。

祷告也是一种计时方式，以前西方的老书上说，祷告可以让厨师烧好菜。其实，就是让厨师通过祷告控制菜肴烹饪的时长。

19

"轮子"的世界

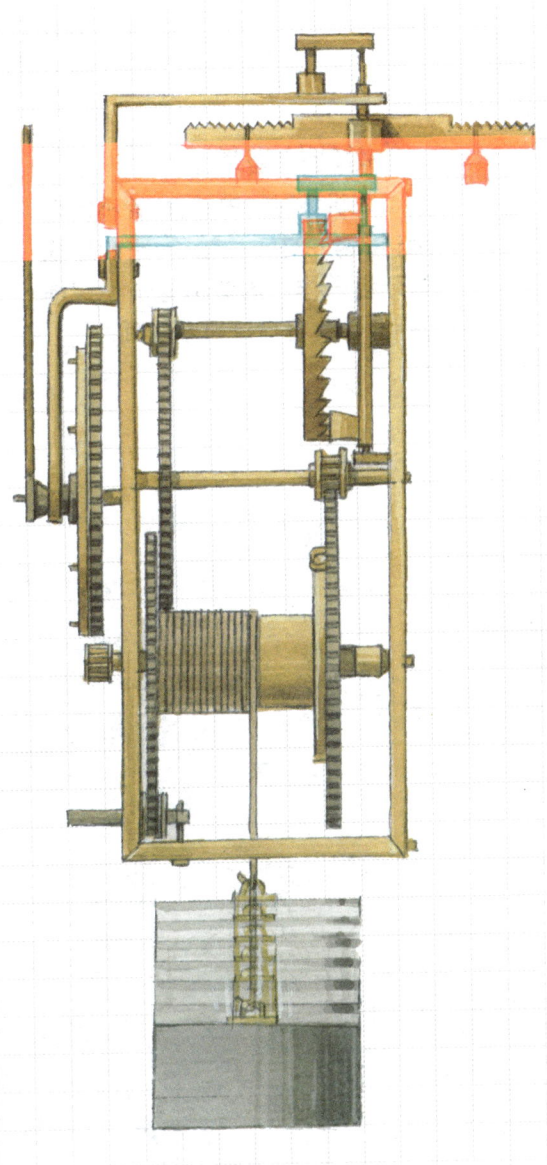

公元1300年,欧洲发生了一场时钟的革命,机械时钟诞生了!你看,在那高耸的塔楼上有一个金属的钟面。看到那只巨大的砝码了吗?它挂在一根长绳上,依靠重力缓慢地下降。绳子的另一头连接着大大小小的齿轮,当巨大的砝码下降时,齿轮互相推动,最后推动一根金属杆。这根金属杆又带动了它末端的平衡轮一起转动,而这个平衡轮又连接着指针,使指针在钟面上转动。当砝码降落到地上后,会有几个壮士再次将它缠绕到塔楼的顶部,继续带动各种齿轮。多么绝妙的设计啊!

重力和动力。
机械钟内部的动力来自绳子下悬挂的物体的重力,一般人们会用金属或石头。至于悬挂物体的重量,则需要根据机械钟的构造仔细计算。一旦选择的物体重量有偏差,时钟就会走得偏快或偏慢。

身边的科学

运转的齿轮。 在机械时钟内部,齿轮不停地运转。齿轮是一种轮子,它的边缘像牙齿一样。这些小轮子稳定地转动,带动着指针显示时间。

平衡轮

金属杆

齿轮

齿轮和时间。 齿轮转动,推动金属杆,金属杆带动平衡轮,平衡轮带动指针。

摆来摆去的钟

哗……哗……这是什么声音？又是哪位天才创造的？

我们现在来到了1641年的意大利，这里有一位伟大的数学家，叫伽利略·伽利雷，他刚刚设计了一台有趣的时钟。这台钟的下部挂着一个砝码，可以左右摇摆，进行着有规律的匀速运动。然而由于空气的阻力，伽利略设计的这种时钟只是一种理想的模型，在现实生活中无法制造，但是他的模型却给一位荷兰科学家带来了灵感。这位科学家名叫惠更斯，他在1657年创造了摆钟。摆钟不但计时精准，而且外观大气，很受欧洲富贵人家的青睐。在这个时期，摆钟可以算是世上最好的计时工具了。

神奇的吊灯。 有一天，伽利略在教堂里看见了一只很重的吊灯。他发现这只灯在来回摆动的时候，每一次来回的距离都一样，时间也一样。

时间 都去哪儿了

You Wouldn't Want to Live Without Clocks and Calendars!

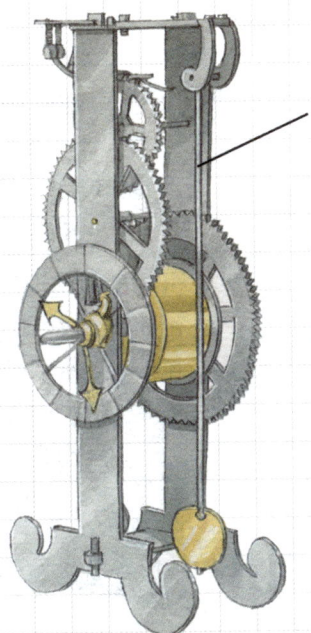

钟摆

左图是一个时钟模型，是当今人们根据1641年伽利略的设计思想制作的。

随着对计时的不断探索，人们发现传统的**基督教历法**也不精准，于是罗马教皇格里高利十三世开始推行一种新的历法。可是按照这种历法，一年比之前少了11天，由此引发了一场暴动，大家都嚷着要补回这"丢失的"11天！

计时开始时，普遍使用分（每小时60分）和秒（每分60秒）作为计时单位。没过多久，时钟装上了分针。后来，在1780年，时钟又装上了秒针。

随身带的时钟

我们还停留在欧洲，因为这儿还诞生了一种特别的时钟。大约在1450年，德国的金属匠开始制造弹簧锁。可是弹簧有时会很危险，几次事故后，人们意识到小小的弹簧锁里蕴藏着很大的能量，于是就开始利用这种卷成圈的金属———发条，制造计时工具。当卷紧的发条缓缓松开时，它可以推动时钟的指针转动。小巧的发条使这种时钟变得异常轻巧，携带起来也很方便。这也就是世界上第一批手表，诞生于1550年前后。

陛下，您就把它当作一份意外的"礼物"吧！

发条

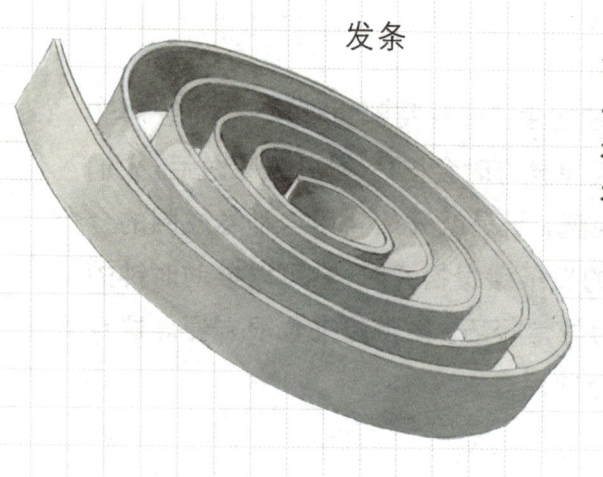

简单的构造,巨大的能量。左图中,一卷发条是一段卷成螺旋状的金属丝,储存了巨大的能量,这些能量能在发条松开时慢慢释放。

再看右图,缠绕在钥匙上的发条推动齿轮以及平衡轮(详见第22页),进而推动时钟的指针。

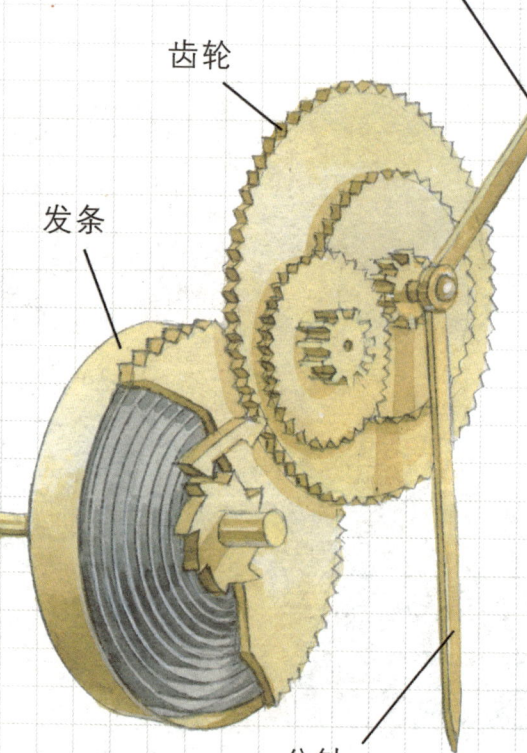

时针

齿轮

发条

钥匙

分针

时间都去哪儿了

"准备行动！士兵们，先把你们的手表都调准了！"大约在 1900 年以后，军队中的士兵开始佩戴廉价的手表，这使得作战计划更容易实施。

小心迟到！不论是在城镇还是乡村，你外出时如果没带手表，看时间会很麻烦。

你也能行！

把一根小铁丝卷成圈，捏在两根手指之间，来回挤压，你能感受到发条中的能量吗？

身份的象征。拥有一块配有金制表带的精美怀表，也是生活有条不紊、品位时髦、出身富贵的象征。

全球的时间

假如你是一位旅行家或探险家,漂流在茫茫大海或跋涉在漫漫沙漠。更糟的是,你还迷了路!你仅仅根据太阳在空中的位置是可以估摸出南北的。那东和西呢?

其实你只需要一只天文台表,就可以判断位置了。在你出发前,记得把天文台表的时间调准确。旅途中,你可以根据太阳的位置估测时间,比如正午,太阳当空,这时你看一看天文台表上的时间。它所显示的时间与正午的差距就是时差,你可以根据时差估测自己在东西方向行走的距离。

一个地区的时间是根据太阳位置确定的,在经度上每差15°,地区时间就相差一小时。可是,时钟上显示的时间却不会随着经度的变化而变化。

英国有个木匠,名叫约翰·哈里森,他花了30多年时间(1728—1761)完善自己创造的发条天文台表。即使在漫长的航海旅行中,这一种计时工具也能显示准确的时间。

时间轴。 1884年，多国政府确立了以一条南北向贯穿地球的线，作为世界各地设定时间的参考。这条线是假想的，在地球表面并不存在，它穿越英国的格林尼治，是世界时间的起点，也叫格林尼治子午线。

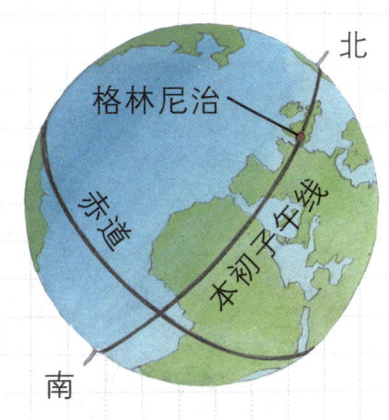

时差带来的灾难！ 1853年，两列美国列车相撞，事故原因正是时差：两车的列车长各自的手表上是两个地区不同的时间。

身边的科学

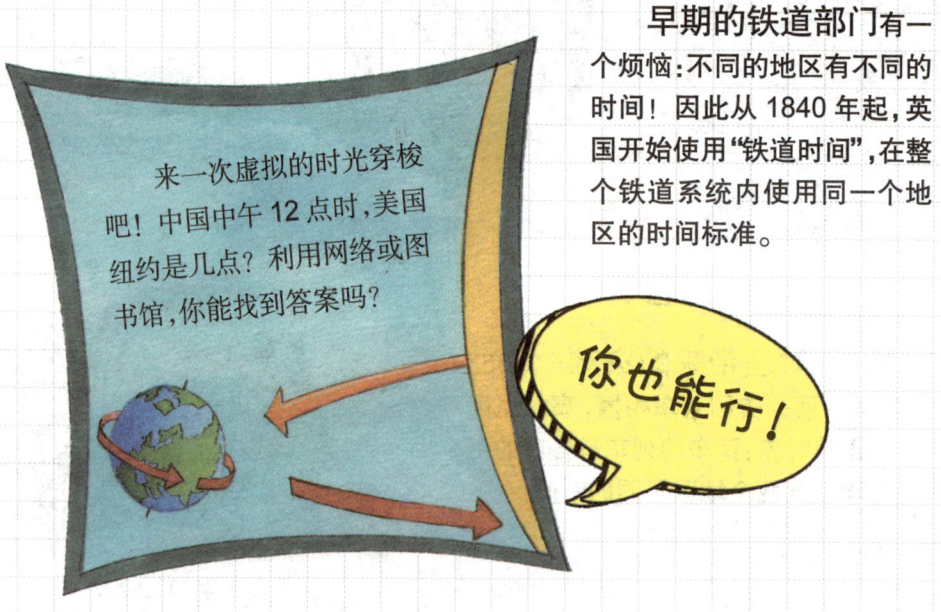

早期的铁道部门有一个烦恼:不同的地区有不同的时间!因此从1840年起,英国开始使用"铁道时间",在整个铁道系统内使用同一个地区的时间标准。

来一次虚拟的时光穿梭吧!中国中午12点时,美国纽约是几点?利用网络或图书馆,你能找到答案吗?

你也能行!

抬头不见低头见

你擅长计时吗？如果你是个很好的计时员，你可愿意回到 1900 年前后，在欧洲或美国生活？要知道，那时的城市喧嚣、脏乱，车站、商店、办公室、工厂……到处可以看到时钟。因为工人们必须准时上班，一秒也不能耽搁！人们制订了紧张的工作时间表，以确保厂房里的机器能够不停地运转。

不久，工作之外的生活也开始离不开时钟了。从 20 世纪开始，时钟渐渐融入了每个人的生活。可以说，有了时钟，才有了战争，有了和平，有了机械、技术、体育、娱乐……

身边的科学

媒体的时间。 电视、广播开始之前,你听到报时了吗?

运动的时间。 老式的秒表和新式的电子表都能在比赛中记录瞬间的成绩。

航天的时间。 发射火箭、宇宙飞船时,我们需要时钟进行最后的倒计时。

时间 都去哪儿了
You Wouldn't Want to Live Without Clocks and Calendars!

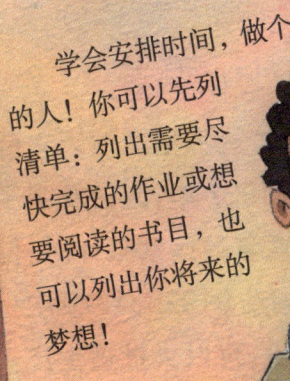

学会安排时间，做个有条理的人！你可以先列清单：列出需要尽快完成的作业或想要阅读的书目，也可以列出你将来的梦想！

重要提示！

机器人的时间。 有机器人计时器的控制，可以在指定时间内完成相关任务。

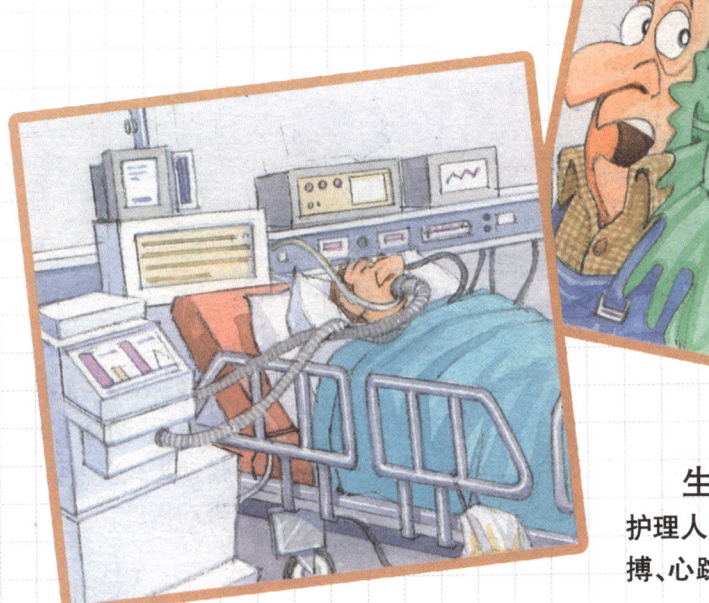

生命的时间。 在医院里，护理人员会用计时器测量你的脉搏、心跳以及其他生命特征。

只是一个钟……

起初,摆钟计时精准;到后来,人们制造了更加精准的天文台表。而到了20世纪,更多发明则颠覆了传统的计时方式。1927年,人们发明了石英钟,1949年又发明了原子钟,这些钟也是通过稳定、重复的运动来计时。但是如今,这些微小的运动非常迅速,原子钟内的原子每秒闪动9192631770次!!因此,原子钟异常精准。而另一方面,石英钟则异常廉价,可以大批量生产。现在,大部分的电子设备中都装有石英钟。在你的家里或学校,你能找到多少个带有石英钟的电子设备呢?

你有石英表吗?它的工作原理是这样的:电池(图①)中的电流激发石英晶体(图②)每秒振动32768下。

这种振动带动了电动小马达(图③),马达又带动齿轮(图④),进而带动指针。

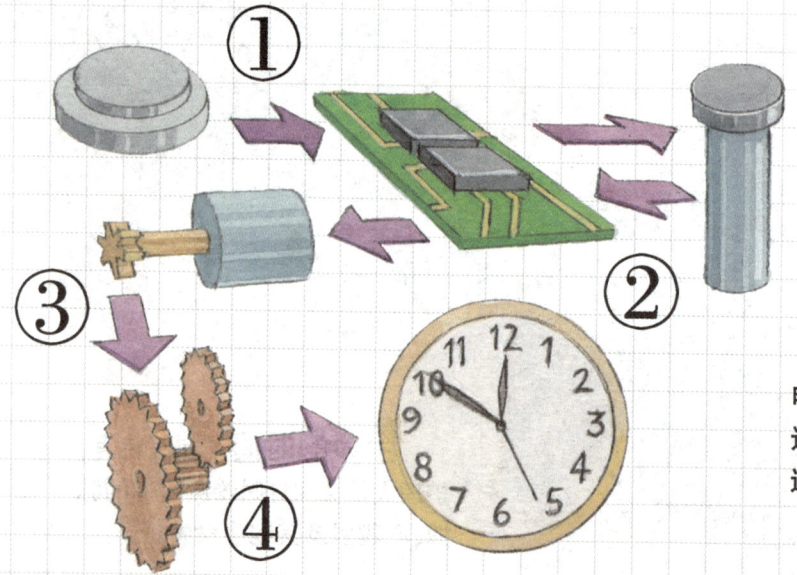

时间都去哪儿了
You Wouldn't Want to Live Without Clocks and Calendars!

到哪儿都准时! 如今,世界上许多设备中的计时装置都由原子钟控制,如电脑、手机以及全球定位系统(GPS)。

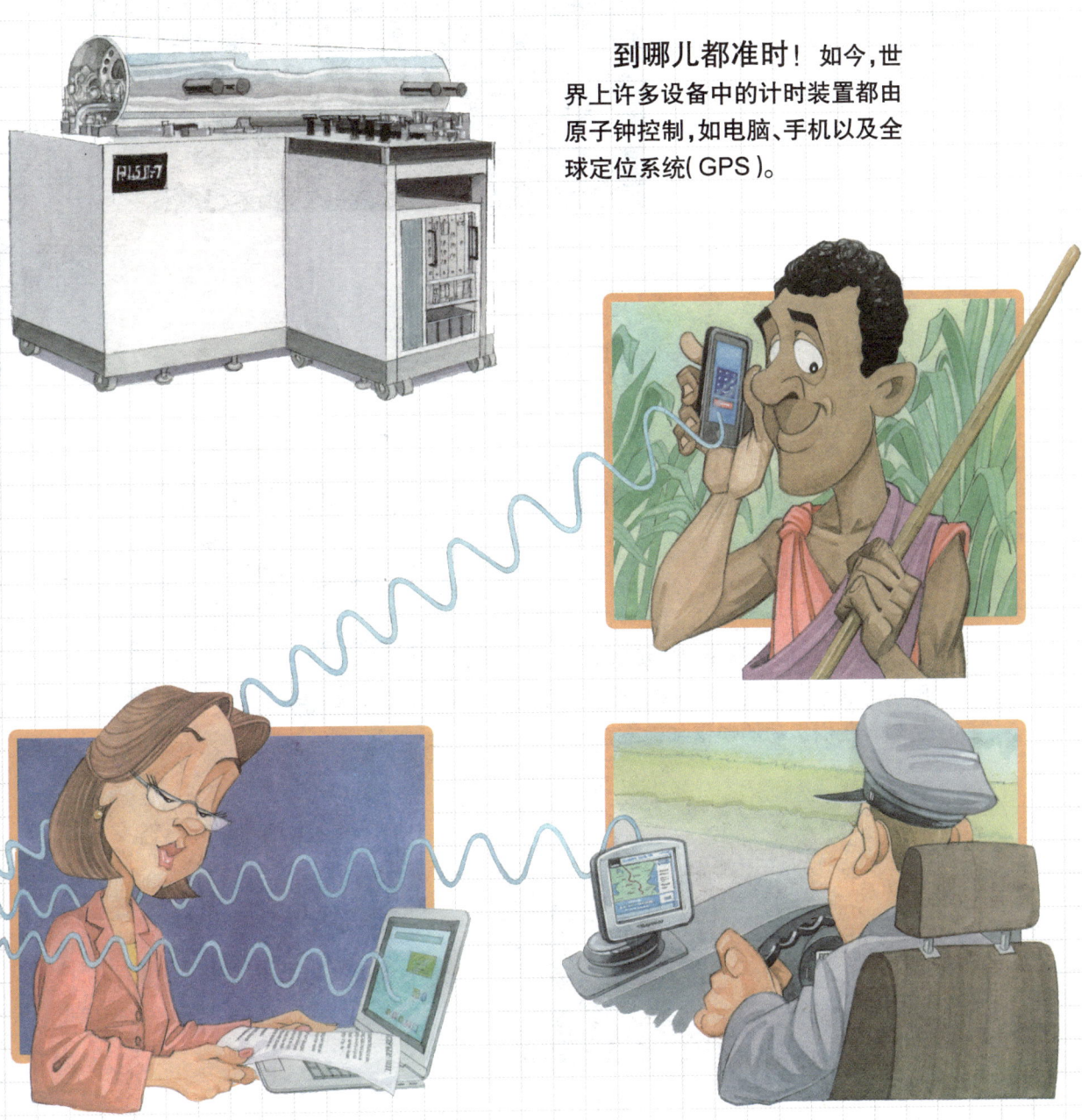

37

身边的科学

奇怪的真理。 原子钟还进一步帮助人们探索了时间的奥秘。1971年，科学家们在一架喷气式飞机上进行实验，验证爱因斯坦(1879—1955)的理论：物体储存的能量＝该物体的质量×光速的平方。

实验证明，爱因斯坦是对的！原子钟显示，时间并非匀速地流逝，而是随着我们运动的快慢加速或减速。

你也能行！

根据原子钟，调整你的手表或时钟。

时间主导一切?

生活中,我们总是把很多事情拖到最后一刻做。其实,我们都想又快又好地完成每件事情。工作、学习、吃饭、玩耍、下载资料,哪怕是发信息,总是越快越好,因为每天的时间是有限的。另一方面,如果时间是无限的,那我们要做的事情肯定还要多,有数不清的工作、数不清的享受。然而,有的时候,我们也会觉得自己被时间摆布着,精准的钟表无时无刻不在左右着我们的生活。

亲爱的小读者,如果让你选择,你喜欢哪种生活呢?是分秒必争、高速运转的现代生活,还是悠闲自在、无拘无束的"原始生活"?

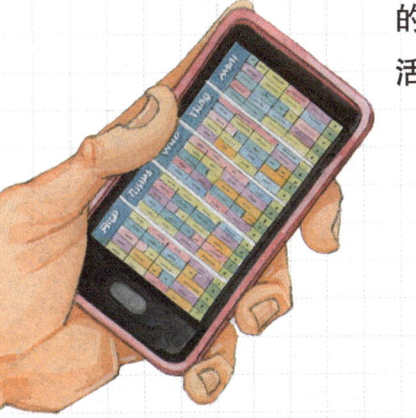

○年○月,星期○,天气○。

你写日记吗? 如果你有写日记的习惯,你一般写些什么呢?写自己的小秘密吗?还是记下生活中的时间安排?要知道,在以前,人们一般都会在日记里写下自己的小故事。但是如今,生活节奏加快,也有人会借助日记规划忙碌的生活。

规划时间有用吗? 只有时间表可以帮助我们好好地规划工作、学习和休闲生活。可是,翻阅那么多的规划,有时也真是一件麻烦事……

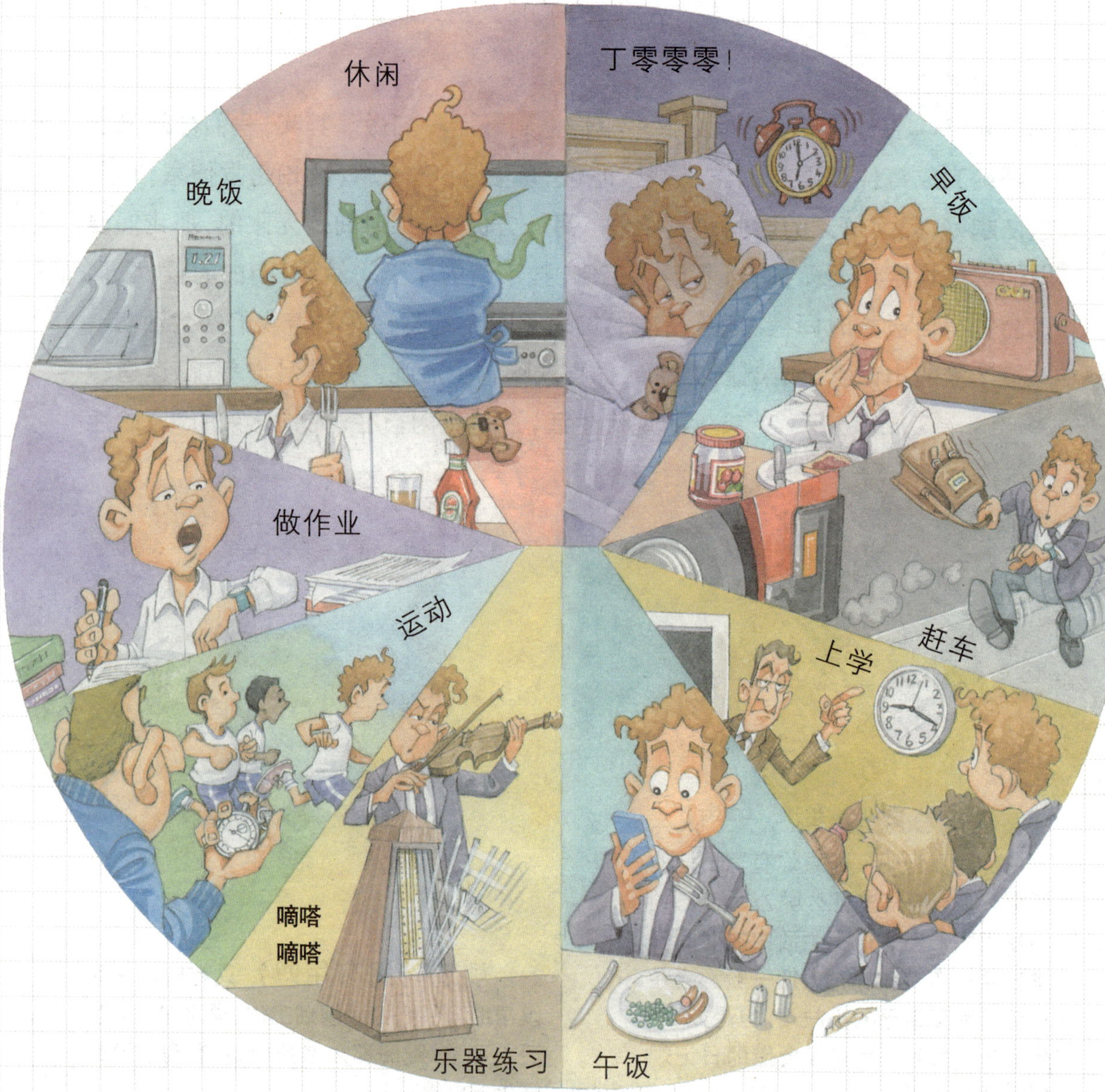
丁零零零!
早饭
赶车
上学
午饭
乐器练习
嘀嗒
嘀嗒
运动
做作业
晚饭
休闲

时间 都去哪儿了

You Wouldn't Want to Live Without Clocks and Calendars!

能走"一整天"的时钟。大约在1400年,24小时制的时钟在意大利诞生。如今,这种时钟遍布世界各地,旅途中、医院里、军队里……它完整显示一天的时间,避免因误解而发生危险。

与传统的时钟不同,大部分电子钟和计时器已经不需要那个圆形的钟面,而是用简洁明了的数字显示一天中的所有时刻。

你也能行!

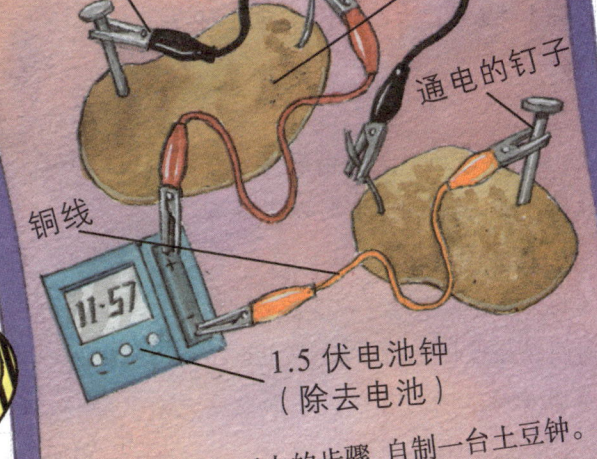

请根据图中的步骤,自制一台土豆钟。

41

术语表

Analogue clock 指针式钟 以钟面显示时间的时钟。钟面的刻度可以划分为 12 小时，又可以划分为 24 小时。

Atomic clock 原子钟 这种时钟是利用原子吸收或释放能量时发出的电磁波来计时的。

Atom 原子 微小的粒子，是物质组成的基本单位。

Babylonian 古巴比伦王国 在大约公元前 1789 年，古巴比伦鼎盛时期的文明社会。

Chronometer 天文台表 一种非常精准的钟表，最初用于测时以及航海。

Clepsydra 水漏 以壶盛水，利用水均衡滴漏原理计时的方法。"Clesydra"是古希腊人对水漏的称呼，字面意思是"水贼"。

Clock time 钟表时间 通过钟表内部构件的匀速运动所显示的时间。

Constellation 星座 在夜晚，天空中的星群叫作星座。古人还给不同的星座取了名字。

Dial 刻度盘 平整的圆盘或半圆形盘，盘面上标有刻度。

Flip 快速翻转 当原子钟内的原子能量状态发生改变时，原子就会高速地旋转。

Galvanized 镀锌 在物体的表面添加一层很薄的银灰色金属——锌，保护物体。

Gears 齿轮 边缘像牙齿一样的轮子，可以传递动力。

Gravity 引力 自然界中所有物体之间都有引力，地球上的所有东西都比地球小，它们对于地球的引力也小于地球对它们的引力，所以所有的东西都被牢牢地吸在地球上，这种吸力也叫重力。

Incense 香 它们由树脂（树上流出的胶状物）以及其他自然界的物质制成，燃烧时会产生有香味的烟，常常用于宗教庆典。

Local time 当地时间 根据太阳位置确定的时间，与钟表时间不同的是，不同位置的地区有不同的地区时间。

Meridian 子午线 人们假想的一条线，它穿过南北两极，纵向围绕地球。

Metronome 节拍器 音乐家用于计时的简单摆钟。节拍器中间的重物可以调节重量，从而加快或减慢节拍。

Observation 观测 仔细地看、测量和记录。

Olympiad 奥林匹克运动会 传说从公元前776年开始，每4年举行一次。古希腊还用奥林匹克运动会的时间来纪年。

Pendulum 钟摆 悬挂在一个固定点的重物，它可以来回自由摆动。

Quartz 石英 地球上一种常见的矿物，由二氧化硅组成。

Railroad time 铁道时间 整个铁道系统使用的统一时间，这样可以确保安全，避免时差带来的麻烦。

transmit 传送 传递输送。

Tusk （象和某些其他动物的）长牙 本书中指大象嘴里长出来的长牙。猛犸象的象牙甚至有5米长。

Vibration 振荡 有规律的颤动。这种运动可以用来计时，例如石英钟里部件的运动。

计 时

像体育、音乐这类热门的活动，都离不开精确的计时。

◎**难分高下的比赛。**

运动比赛中，冠军与亚军之间的时间差可以比0.01秒还要短，可比你说一个字的时间还要短得多。

◎**并列冠军。**

奥林匹克运动会中用的石英钟可以精确到0.001秒。可是在1984年洛杉矶奥运会上，两位女子游泳运动员同时夺冠，她们抵达终点的时间测不出丝毫差异。

◎**踢啊！**

足球比赛中，替补队员、处理伤员、延误时间等都对比赛有关键的影响。2013年欧洲超级杯的总决赛上，在最后的补时阶段内，两队都进了球。最终，在点球大战中，拜仁队击败对手，夺得了超级杯冠军。

◎**一起演奏。**

在乐队中，每一位队员都需要训练，配合其他人同时演奏。他们用一个节拍器进行训练，并阅读作曲家写在乐谱上的时间间隔。在音乐会上，他们既要听从音乐指挥家指示，又要关注队员之间的互动。

◎**感受节奏！**

歌唱家和乐器演奏家常常会在音乐中注入自己的感情色彩，他们会刻意缩短或是延长原有的乐曲时间。这样做，可能会搞砸现场的整体演出，但如果操作得当，就会给演出增添异常的激情。

钟表之最

时间都去哪儿了
You Wouldn't Want to Live Without Clocks and Calendars

◎迄今为止，世界上最精准的时钟是锶晶格钟（全称为锶原子光晶格钟）。它于2014年由美国天体物理联合实验室研制，这种时钟内部的锶原子每秒可"嘀嗒"430万亿次，预计可以准确计时50亿年。

◎在2014年，世界上最贵的男表以1340万英镑（约1.3亿人民币）成交。该表由真金制造，最初是百达翡丽公司为一位美国商人特制的。最贵的女表则是萧邦201，它嵌有874颗颜色各异的钻石，价值1660万英镑（约1.6亿人民币）。

◎欧米茄超霸系列手表是手表界唯一上过月球的手表。在1969年，巴兹·奥尔德林登月时佩戴的正是欧米茄超霸手表。

◎2012年，劳力士深海冒险系列手表创下水下手表新纪录，在10908米深的海中，手表依然正常运行。

◎虽然不少国家（如法国、意大利）都声称本国拥有最古老的时钟，然而世界上最古老的时钟当属英国索尔兹伯里大教堂内的天文钟，它建造于1386年，至今依然准确地显示时间。

你知道吗？

◎在公元前250年前后，古希腊人发明了一种钟，能够发出猫头鹰般的声音，给人们报时。后来在1600年左右，德国人发明了布谷鸟钟，其最初的灵感就是源于这种古希腊的猫头鹰钟。

◎印度斋浦尔古城的撒穆拉特·曼陀罗是世界上最大的日晷，建于1728年，有27米高。

◎世界上最著名的时钟分别是纽约中央火车站的四面钟，建于1913年；以及伦敦的大本钟，建于1859年，这是英国国会会议厅附属的钟楼，会定期报时。

◎世界上最高的钟楼位于沙特阿拉伯西部的麦加，有601米高。除了报时，钟楼上还会每天5次播报穆斯林礼拜的时间。

◎1999年，第一台万年时钟模型诞生，这种时钟预计能够运行1万年。设计者还希望通过这种时钟，启发人们对生命短暂和时间无限的思考。

◎在当今的21世纪，飞机、火车、电脑、媒体用的都是统一的国际历法。然而，在世界各地，还有40多种古代历法被人们沿用，例如犹太人的宗教历法、中国人的传统农历以及中美洲的传统历法。

◎我们不可能穿越回古代，但是科学家认为人类有可能穿越到未来！如果真是这样，到那个时候，我们又需要开创新的计时方法和历法了！

书写，让你更懂我

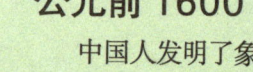

书写大事年表

公元前 2500 年 美索不达米亚地区出现了铭刻在泥板上的楔形文字。

公元前 1600 年 中国人发明了象形文字,并且一直沿用到今天。

公元前 1450 年 线形文字 B 在地中海的克里特岛上形成了。

公元前 196 年 由当时的通俗体文字、古埃及文字和希腊文字刻成了罗塞达石碑。

公元前 800 年 第一次出现了可辨认的希腊字母。

公元前 1100 年 墨西哥中部的古印第安人发明了图案文字。

700 年 西班牙的塞维利亚出现了第一支羽毛笔。

783 年 第一部为查理曼大帝用小写字母书写的书诞生了,书中还使用了字间距。

863 年 西里尔和墨索迪乌斯两位希腊兄弟,在摩拉维亚地区传播希腊文。

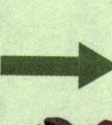

1821—1828 年 塞阔雅为北美切罗基族人创建了书面文字体系。

1605 年 第一份现代德文报纸 Relation 出现了。

1439—1450 年 在欧洲,约翰尼斯·古腾堡发明了第一台活字印刷机。

1971 年 计算机程序员雷·汤姆林森发出了第一封电子邮件,收件人是他自己。

2011 年 在美国,电子书籍的销售额第一次超过了精装纸质书籍。

新鲜出炉!

　　自从 400 多年前第一次露面,新闻报纸就一直在这个瞬息万变的世界里为人们提供最新的资讯。它们很好地展现了文字是如何同时提供信息、教育,甚至娱乐的。

　　虽然人们如今可以从其他文字来源,例如新闻网站、博客、智能手机,获得类似信息,但是仍有无数的人们喜欢每天手持真实纸张的感觉。20 世纪晚期是新闻报纸发展的高峰时期,有些报纸每天印刷量可达百万张。印刷机不断开转,以满足读者阅读的需求。将一份刚刚印刷好的报纸称为"新鲜出炉"的也就不足为奇了。

导 读

你要为自己生日派对的 15 位客人购物,如何才能记下要买的东西呢?新型的智能手机看上去很棒,你知道如何使用它吗?你想发短信为朋友们推荐一场精彩的音乐会。那张泛黄的纸张正是记录了你出生日期的报纸头版。这些情况,每天还真不少,你必须会读会写。无论是要闻,还是趣事,凡是妙趣横生的东西,都值得记录。

有关文字的历史,要回溯到那段人类历史——穴居的原始人想记载狩猎或安居的最佳地点。这是文字书写的起源。你能够想象没有文字的生活吗?人们在会写字之前,又是怎样做的呢?

我们究竟为什么需要文字呢?

我们需要通过彼此之间的沟通来交流信息和学习。很多年前,人类学会了开口说话,然后创建了复杂的语言来表达需求与愿望。语言——彼此之间简单的谈话——是最初的沟通方式,但人们还需要有其他方式去记录刚刚或者很多年前的交谈。文字是一种记录的办法——我们现在也一直依赖它。

文字能够向我们**发出警示**,能够告知我们信息,能够记录有趣的笑话,能够让我们敞开心扉,表达内心所想,或者告诉我们谁在重要的比赛中获胜。在我们购物的时候,文字还能帮助我们找到日常需要的东西。

从购物单到商品标签到公告牌,文字为我们提供信息,帮助我们做决定。

身边的科学

倘若收到一封朋友亲笔书写的信件、明信片或者情人节卡片,生活该是多么美好呀!寥寥数语,情义隽永。

盲人不是用眼睛看,而是靠触摸盲文,才能读完一本书,这种文字及其整体意义没什么不同。

危险

勿投食!

能够阅读信息,比如警告危险的告示牌,就意味着能够分辨生与死。文字能够挽救生命。

身边的科学

第一个使用文字的人是谁?

现在人们可以识别的文字,能追溯到几千年前的穴居人写下的。是什么促使原始人开始写字,他们是如何学会书写的呢?最早的文字很可能是为了告知其他人哪里有食物或住所。用简陋工具刻下的简单记号,可以传递信息,但是人类总是富于创造,很快,人们改进了那些最初的文字形态。

火焰摇曳,照亮了洞穴里一幅幅壁画,一个个关于战争、狩猎,以及人们是如何保护自我不受野兽、恶劣天气和同类伤害的故事铺展开来。

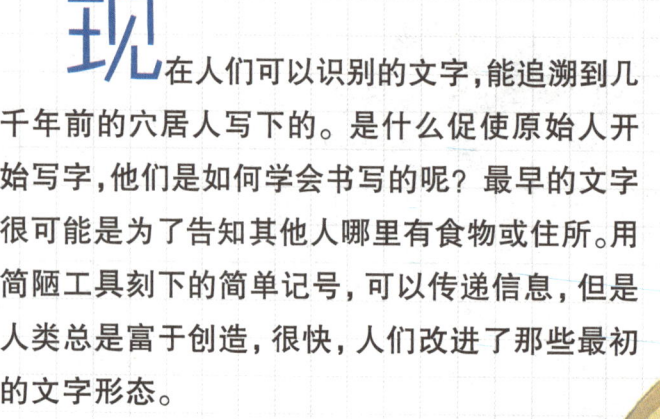

书写，让你更懂我

各种早期文字的形状

中国科学家（见左图）发现了聪明的人类刻在骨头上的文字，叫作甲骨文。有些甲骨文已经有 3000 多年的历史。

即使最简单的记号也能够帮助群居的人们记录储备食物的地点，告诉人们哪里会遭遇凶猛的野兽或人类敌害。

最初的一些文字叫作象形文字，用图案来传递信息。它们在通往字母和更高级文字的路上迈进了一步。

身边的科学

将手掌平放在一张潮湿的黑色美术纸上，往纸张和手背撒上面粉。小心挪开你的手掌，会出现一幅手掌轮廓的洞穴"画"。现在你就是一个洞穴人啦，即将开启发明文字之旅吧。

你也能行！

纸张和其他材质使书写变得更加容易，人们还发明了可以随身携带的物品，例如蘸墨书写的羽毛笔。

你知道文字是如何演变而来的吗?

在人们交换农作物或手工品的集市里,出现了第一批真正使用文字的人。这些人需要对物品进行登记。随着耕种和交通运输的发展,记录下谁买了什么、花费了多少以及相关事项的需求,也越来越多。法律规则形成了,文字必须跟上。这些变化促使人们发明了第一批字母。字母表包含一整套语言发音的符号或者字母,人们可以借助它,方便快捷地记录复杂的想法。此后,早期的字母发生改变,以适应不断变化的文字。

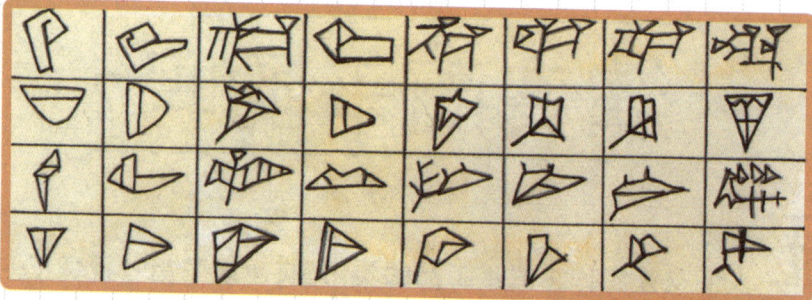

嘴巴
食物
男人
女人

到了公元前3400年,苏美尔族的象形文字已经发展成形。象形文字采用与所描述物体形状相似的一系列符号。

4000多年前的《吉尔伽美什史诗》是用由象形文字进化而来的楔形文字写成的,记录了有关苏美尔族激动人心的英雄故事。

古埃及的象形文字展现了古代埃及语言的音和形,向我们讲述了古埃及人民的各种信仰、历史文化和起居生活。

现代罗马字母采用了俄语和东欧其他语言中的一些斯拉夫字母。这个指示牌上的"CTON"表示"停止"。

衬线字体是在字母笔画结束的地方加上装饰性短线,由古代石雕工匠在完工之时雕刻的交叉笔画发展而来的。

有时,古老的字母也会出现在较新的文本中。这座意大利墓碑(如上图)是用两千年前的希腊文刻成的,那时大部分意大利文使用的是相对较新的拉丁字母。

原来如此!

俄语中很多字母是从希腊字母演变而来的。这是因为大约在1100年前,说希腊语的使者将文字介绍给了俄国人。右边的两列字母现在看上去仍然很相像。

Greek	Russian (Cyrillic)
Α α	А а
Β β	Б б
Γ γ	Г г
Δ δ	Д д
Ε ε	Е е
Ζ ζ	З з
Η η	И и

嗨！这些字母的秘密是什么？

我们都知道英语这种语言，它采用的是由希腊字母衍生而来的拉丁或者罗马字母。希腊字母和腓尼基语以及沿地中海地区的其他书写体系有关联。但是那个地区也诞生了完全不同的文字，如阿拉伯与希伯来字母。世界其他各地的文化则使用完全不同的方法，巧妙地构建了形与意相连的文字体系，有些使用符号来表征音节，有些则使用成千上万的字符来指物表意。

中国古文字使用成千上万的字符，发展成为一种先进的书写方式。这些文字艺术可以和绘画作品相媲美。

世界各地的文字

2000多年前，中美洲的**玛雅**人发明了一种文字体系。每一种符号代表一个字或者字的一部分。

大约2500年前的**婆罗米文**起源于印度寺庙，是最早将发音和形象联系在一起的亚洲文字之一。

爱尔兰人把悼词刻在欧甘石碑上。有些石碑已有1800年的历史了。

你也能行！

当你学习一种新语言时，首先要留意它的书写方式。有些文字是自上而下书写和阅读的，例如古代的中文；有些文字从左往右，例如英文，有些文字从右往左，例如希伯来文和阿拉伯文。

古汉字

希伯来文

大部分**犹太人**的宗教圣典是用希伯来文写成，保存在卷轴上，自右向左阅读。

伊斯兰教禁止绘制活物，但是其用阿拉伯文书写的宗教经文本身就堪称一件艺术品。

哪些人识字？

在生活中，会读会写是一种极大的优势，但是在人类历史很长一段时间里，大部分人不会读写。很多时候，权贵们不会将这项宝贵技能外传。但是随着印刷术的推广，人们学习阅读变得更加容易，因此会读写的人也越来越多了。如今，各国政府都很重视扫盲运动，他们竭尽全力帮助学龄儿童获得学习机会。但是即使在今天，还是有人反对教育的普及，一些孩子不得不努力争取，才能获得继续学习的权利。

在古埃及，专业抄写员是会读写的少数群体之一。他们花费数年时间练习抄写，成为不可或缺的人。

书法是一种精致的书写艺术（如上图），一些书法精品会在博物馆或艺术馆展出。

中世纪，爱尔兰僧侣在宗教书籍里加上生动的插图，甚至是一些涂鸦。这样的作品叫作绘图装饰手抄本。

这些西非的儿童（如左图）正通过学习读写来改变自己的未来,这一幕在世界上大多数地区常常可以看到。

我们只有学会了读写技能,才能使用互联网,但是如今,许多人也在互联网上学习和练习这些技能。

制作你自己的绘图装饰手抄本。用铅笔写一个单词,例如你的姓（这里指英文的）,要把第一个字母写得足够大,接着给铅笔痕迹润色,沿着字母和某些字母里的空隙,添加颜色和图案。

这些羽毛笔的秘密是什么?

越来越多人学会了识字的同时,也在寻求更容易读写的新方法。在此期间,人们不仅改进了书写的技术,还改变了我们认知整个世界的方式。羽毛笔发明于中世纪,由削尖的羽毛制作而成,使得书写更加流畅。但是它们最终被金属笔、打字机和电子书写方式所代替,这些变化正以前所未有的速度发生着。

据说,大约在 1450 年,德国金匠约翰尼斯·古腾堡发明了金属活字印刷术和活字印刷机,开创了现代书写的新纪元。

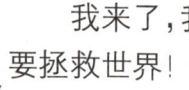

流行电影有十几种语言字幕版本,这样其他国家的观众也能看懂台词。书写的文字又一次为我们提供了便利。

有些人认为,"短信用语"的各种缩写(如下图)以及社交媒介的精简语言不利于培养我们的书写技能。有些人则认为这只是一种新的文字形式。

Had a gr8 time thnx 4 ur present. C u 2mrw :)

文字大意:玩得很开心,感谢你能来。明天见!

19世纪中叶,美国和其他国家铺设了电报电缆(如上图),保障了即时通信。接线员负责将编码的信息翻译成普通文字。

书写，让你更懂我

You Wouldn't Want to Live Without Writing!

20世纪50年代出现了第一批文字处理机。它们虽然体积庞大而笨重，却为今天的平板电脑和智能手机的发明铺平了道路。

你也能行！

请大人帮你把一个土豆切成两半，在上面分别倒刻出一个字母的形状，并挖掉多余的土豆肉，让字母凸显出来。将"土豆印章"沾上墨水，在纸上印出字母。

没有文字,你还能生存吗?

没有文字,人们可以勉强生存,几千年来,人们都不得不这样生存。时至今日,也有人发现了不用写字也能传递消息的方法。但是你能够记忆整本书的内容吗?或者用击鼓的方式传达有关你和你家人的消息吗?写张便条,发条短信或电子邮件,难道不是更加容易吗?

在一个大多数人会写字的世界里,不会写字的人会处于劣势,并且可能会失去很多东西。

就是这一行小字。

你是说我的农场现在归你所有了吗?

书写，让你更懂我

古希腊诗人博闻强识，能够凭记忆长时间背诵。现在仍然不乏这样的人，他们能将长篇文章深深印刻在大脑里。

图片游戏和哑剧游戏很有趣，但是它们也展示了没有文字的生活是多么的艰难。

身边的科学

图画和符号,如地图,有时比文字更能有效地传达信息。

西非的男孩敲击"信息鼓",用鼓点的韵律节奏或声调向数里之外的其他村庄传递消息。

你也能行!

记忆力训练:请朋友在桌上放一组物品,一分钟后拿开它们。你能记住几个?在这些物品被拿开之后,尝试着罗列一个清单。

文字有言外之意吗?

文字不仅仅简单地传达基本信息。它通过表达人们共有的情感,将千里之外甚至几千年前的人联系起来。这些文字,无论是伟大的作品,例如莎士比亚戏剧,还是私人信件,都深深打动读者的心。文字让遥远的声音鲜活起来,并且使它们永不消失。一些最简朴的文字也能意蕴深长,这取决于谁在写它、谁又在读它。

一张慰问卡能更好地表达对某人恢复健康的祝愿,它让病人知道有人在惦记着自己。

1863年，亚伯拉罕·林肯发表葛底斯堡演说，虽然当时的听众只有几千人，但是他的手稿却能长存。

安妮·弗兰克，一位犹太少女，用稚嫩的笔触写下了她的日记，记录"二战"期间她的家人在被纳粹党逮捕之前的藏匿生活。

在城市街头，有些人千方百计地用文字信息示爱，不怕被成千上万的路人看到。

400多年前的威廉·莎士比亚戏剧仍然为人们广泛阅读，其作品仍然在上演。没有文字记录，他的作品无法流传至今。

想庆祝校队在大型体育锦标赛中获胜？你可以用一张旧床单（要先得到父母的同意）和一支彩笔，制作一条巨大的横幅，来表达你和队友的喜悦之情，然后自豪地将它挂起来。

笔墨胜于刀剑？

"笔墨胜于刀剑"的俗语，表明了文字是多么强大！它可以改变人们的生活方式，但也能让人们陷入窘迫。古时候的一些统治者可能会限制人民的阅读内容，或者用误导性的语言对公众隐瞒真相。言论以文字的形式保存下来，让人们能够接触到新思想。

新教改革家马丁·路德用文字传播思想（如下图）。

从中世纪起，欧洲人就在公众场合举行各种宗教和政治抗议活动。一台台印刷机帮助传播他们的思想。

书写，让你更懂我

哈丽叶特·比切·斯托（斯托夫人）有关奴隶制的小说《汤姆叔叔的小屋》给总统亚伯拉罕·林肯留下了深刻印象，也在全世界激起了反对奴隶制度的情绪。

写作能鼓舞人们追求和平。一些反战情绪最强烈的诗歌产生在第一次世界大战期间（1914—1918）。

英裔托马斯·潘恩，在18世纪70年代撰写了《常识》及其他革命小册子，劝说美国人向大英帝国宣布独立。

原来如此！

人民对某一事件反应强烈，就会请愿：很多人会联名写信，请求政府采取行动。

我们能够读懂以前的文字吗?

象形文字和最初的字母是为了向读者清晰地传递信息。但是随着社会的发展,出现了新的书写方式,而旧的文字体系通常变成了一个个难解的谜。同一段文本,会有两种或两种以上的文字,例如著名的埃及罗塞达石碑,这给了我们读懂它的线索。有些人会故意对书写内容进行加密。

罗塞达石碑的上半部分是用传统的埃及象形文字书写,是公元前196年埃及祭司为国王托勒密五世刻写的颂词。

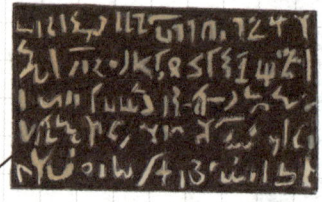

罗塞达石碑的中间部分是相同的内容,却使用埃及人的简化文字"通俗体"书写而成。

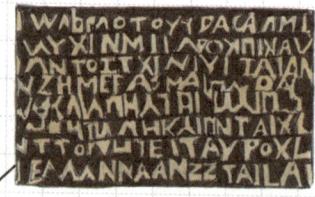

罗塞达石碑的下半部分则用希腊文书写了同样的内容,这有利于学者解读石碑上象形文字的含义。

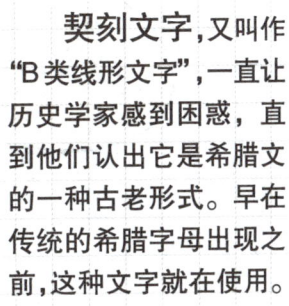

契刻文字，又叫作"B类线形文字"，一直让历史学家感到困惑，直到他们认出它是希腊文的一种古老形式。早在传统的希腊字母出现之前，这种文字就在使用。

第二次世界大战期间（1939—1945），纳瓦霍人用美洲土语传发密文，敌人无法破解，因为这种语言很少有文字记载。

英国人阿兰·图灵是二战期间一位出色的解码员，他的技能促进了现代计算机的发展。

尝试用一种最简单的、能想得出的密码。用不同的字母或者数字代替每个字母，密码就产生了。一旦选定替换方式，就要确保坚持使用到最后。

A=D B=E C=F

原来如此！

编写密码的一个快捷方法是倒着写。解开密码的办法就是从镜子中读取信息。

没有文字,人们能够交流吗?

虽然全世界识字的人数在增加,但是不用语言进行交流,也很重要。为什么?显然是因为我们的语言不尽相同。一位说英语的美国人或许读不懂日文报纸,一位日本游客看芬兰语菜单或许很费劲。因此,我们不得不依赖许多标牌和记号,以取代文字表达基本信息。一些通用的信息甚至被发送到了外太空,也许外星人也能看懂它们。

没有文字,有些标识也能发挥作用,在发出紧迫险情的警示方面尤其管用。沿海的公路上,标牌能让司机对潜在的危险有所了解。

身边的科学

读懂标识

那些广泛使用的非文字标牌很容易被理解,无论是在欧洲的瑞典,还是在非洲的斯威士兰,这些标牌的含义都是相同的。标牌里的斜线代表"禁止"。

有些时候,我们可能没有时间停下来去认字。最常见的两个不带字的标识,就在公共洗手间。

T恤衫和海报常用图案来代替文字,有时候也将文字和图案混合使用。不难判断这个女孩正在哪个城市观光。(如上图)

书写，让你更懂我

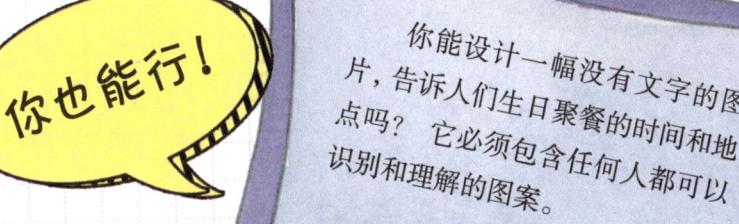

你能设计一幅没有文字的图片，告诉人们生日聚餐的时间和地点吗？它必须包含任何人都可以识别和理解的图案。

你也能行！

"先锋10号"
宇宙飞船发送的无字信号，展示了人类、地球和太阳系及其飞行任务本身的信息，以便其他星球上的生物发现它。

未来的世界会是怎样？

现代世界变化的节奏越来越快。智能手机、电子书籍和平板电脑帮助我们快速接收信息。我们接收信息的方式或许超快而且时髦，但是我们仍然依赖读写来保持联系。在未来，我们的联系可能会更加紧密，用来维系这种联系的读和写会变得更加容易。想到这些，是多么令人兴奋！正如我们对羽毛笔的用法感到好奇一样，或许我们的子孙也会问："人们是如何使用这些笨重的键盘的？"

现代博物馆展示了读写的各种方式，从智能手机、平板电脑到电子阅读器。但有些人还在阅读纸质书籍。

书写，让你更懂我

新科技使得人们无须通过出版公司就能创作和出版自己的书。

电脑和音乐键盘
能够帮助人们学会谱曲和填词。

电脑可以通过研究许多童话故事的基本情节，然后创作出一个个故事的新点子，但是它们仍然需要依靠人类来完成故事。

术语表

Alphabet 字母表 一组代表某种语言的语音、按特定顺序排列的符号。

Braille 布莱叶点字 盲人使用的文字系统，用凸出的点来代表字母。

Culture 文化 一群人共有的日常生活的种种特点，例如语言、教育。

Cuneiform 楔形文字 一种在古代美索不达米亚平原上使用的文字系统。

Cyrillic 斯拉夫字母 在俄国和东欧其他国家使用的字母，以希腊字母为基础。

Demotic 通俗文字 一种大众使用的简单语言。

Epic 史诗 描述古代领袖或传奇英雄壮举的长诗。

Goldsmith 金匠 制作或出售黄金制品的人。

Hieroglyphics 象形文字 一种使用图案来表音、表形的文字。

Illuminated manuscript 装饰手抄本 有艳丽彩图装饰的手抄宗教作品。

Mesopotamia 美索不达米亚 位于底格里斯河和幼发拉底河之间的西南亚地区（今天的伊拉克）。

Middle Ages 中世纪 欧洲历史上的一个时代，从公元500年到公元1500年。

Monk 修道士 某宗教团体的成员，远离尘世，过着祈祷的生活。

Movable type 活字印刷术 一种使用一个个活动的金属字块，印刷文稿中字母和发音的方法。

Ogham stone 欧甘文字石碑 在爱尔兰和英国西部发现的石碑，高大直立，上面刻有用中世纪欧甘文字撰写的铭文。欧甘文字用刻痕和线体来代表字母。

身边的科学

Oracle 祭司 被认为是有智慧的，有时传达神谕的人。

Pamphlet 小册子 一本有纸质封面，包含某一个主题信息或观点的小书。

Petition 请愿书 很多人联合，通常是签名，递交给当权者的请求。

Pictograph 古代石壁画 石壁上的古代绘画。

Printing press 印刷机 能够极其快速、大批量地翻印一页或几页文本的机器。

Quill 羽毛笔 翅膀上或者尾巴处的长羽，尤其是鹅毛，能够削尖成笔。中空的尖头用来蘸墨。

Rosetta stone 罗塞达石碑 在埃及发现的古代石碑，铭文用古埃及象形文字、埃及通俗文字和希腊文三种文字刻写。

Scribe 抄写员 在很少人识字的社会里，抄写员却具备读写技能。在一些社会里，抄写员是很重要的人物。

Subtitles 字幕 外文电影面向观众的译文，在屏幕下方滚动播放。

Talking drum 信息鼓 一种西非手鼓，鼓手用它敲出富有特殊含义和节奏的鼓点，向其他村落传递信息。

Technology 技术 前沿科学研发出来的使用在特殊领域里的成果。

Telegraph 电报 使用电信号和电线远距离通信的方式。

不断变化的语音

看懂古老的语言是一回事，但是它们的发音我们又从何得知呢？大约400年前的莎士比亚时期或者乔治·华盛顿执政美国时期的英语发音方式，我们真正了解吗？

有时候，我们能够通过听进化的语言来揣摩"消亡"语言的发音。例如，意大利语、西班牙语和法语是从这几个国家人们所说的拉丁语发展而来的。许多现代语言的发音和拉丁语发音相似。

古代语言使用符号而不是语音来表达思想，因此了解古代语言的发音更加困难。但现代语言传承了一些古代语言的书写规则，或许能为研究提供一个良好开端。科普特语、索马里语、阿拉伯语——北非所有的语言——都和古埃及语言有关联。埃及金字塔建造者使用的语言，很有可能和这些语言发音相同。

研究现代语言的变化相对容易一些。我们可以通过研究莎士比亚戏剧发现那些押韵的词语，例如，单词"prove"和"love"押韵。从戏剧描写中，会发现莎士比亚时期的伦敦人对单词如"cart""park"里的"r"字母的读法，和今天大多数美国人一样。所以，罗密欧与朱丽叶或许带有芝加哥或者洛杉矶青少年的口音。

最长的5个单词

英语有很多长单词,但是在最长单词竞赛中它不是纪录保持者。在其他语言如德语和土耳其语中,更容易将短单词拼成长单词。有时候,说这些语言的人为了好玩而创造了不少长单词。在拼词大赛中你能够写对多少?

1. Taumatawhakatangihangakoauauotamateaturipukakapikimaungahoronukupokaiwhenuakitanatahu(85个字母)

新西兰语(毛利语):山的名字,含义是"山的顶峰,在那里,一位山食者*塔马蒂滑了一跤,又爬起来,吞掉了座座山峰,然后为他心爱的姑娘吹鼻笛"。

2. Chargoggagoggmanchaoggagoggchaubunaguhgamaugg(45个字母)

美洲土著语(康涅狄格州印第安人协会):马萨诸塞州的一个湖。据传说,单词的含义是"你在你那边捕鱼,我在我这边捕鱼,没有人在你我之间捕鱼"。

3. Siebenhundertsiebenundsiebzigtausendsiebenhundertsiebenundsiebzig(65个字母)

德语:数字777777的德语单词。

4. Precipitevolissimevolmente(26个字母)

意大利语:这是意大利语里最长的单词,它的含义是"尽快"。

5. Hippopotomonstrosesquippedaliophobia(36个字母)

英语:含义是"对长单词的恐惧"。

*译注:山食者,吞噬山的人。

你知道吗？

◎单词 write 来源于古英语单词 writan，writan 的意思是"切割"或者"雕刻"。这是因为北欧最早的一些文字是刻在树皮上的。

◎2014年3月，一位德国渔夫在渔网里发现了一个密封的棕色旧瓶，瓶内是1913年一位年轻人写的便笺，这是迄今为止发现的最古老的瓶中信。

◎很多语言通过在字母上方或下方做标记来改变发音。芬兰单词 pääjääjää（意思是"主要支撑物"）的一排字母上，把字母 j 上的点号算在内，竟然有14个点号。

◎回文是指正着或反着读都一样的单词或短语，例如："noon" "radar" "Step on no pets"。

◎18世纪末，诺亚·韦伯斯特开始为美国人简化英语拼写。他变革的许多文字，例如 honor 和 plow 沿用了下来，但是 masheen、dawter 和 tung 等拼写并没有流传开来。

◎每支铅笔大概能够画出56000米长的线条或者写出45000个单词。

◎美国小说家托马斯·乌尔夫个头很高。据说，他把稿纸放在冰箱顶部，站着写作。

数字，淘气的小字符

数字大事年表

约 40000 年前 — 最早的标签计数系统出现。

公元前 2000—3000 年 — 首次使用测量单位。

公元前 500—600 年 — 首次使用罗马数字。

628 年 — 古印度人首次使用"0"。

800 年 — 阿拉伯计数单位的现代形式 0~9 出现。

1202 年 — 里昂纳多·斐波那契将阿拉伯数字带到了欧洲。

1687 年 — 艾萨克·牛顿指出,行星的运动受数字控制。

1701 年 — 二进制数首次出现。

19 世纪 20 年代 — 查尔斯·巴贝奇设计了一台电脑来做计算。

1920 年 — 天文数字(1 后面跟着 100 个零)被命名。

1974 年 — 商店首次使用条形码来标识物品,方便经营者和顾客。

21 世纪初 — 研究表明,某些鸟和动物可以数数。

全世界的数字系统

我们使用 0~9 的数字系统，2000 多年前发源于印度和中东地区。但是，也有很多其他的数字系统。

在古巴比伦，人们使用六十进制的数字系统——这就是 1 小时有 60 分钟的原因；在古罗马，数字系统是十进制的，但是用字母书写：I（1），V（5），X（10），L（50），C（100），D（500）和 M（1000）。

新几内亚的奥克萨普明人基于人体的 27 个部位建立了他们的计数系统；巴布亚新几内亚使用阿拉佩什山语的人创建了一个三进制的数字系统，用来数椰子、鱼和日子，但是数坚果、香蕉和盾却用基于 4 的数字系统；中美洲地区的古玛雅人使用二十进制的数字系统来计数。

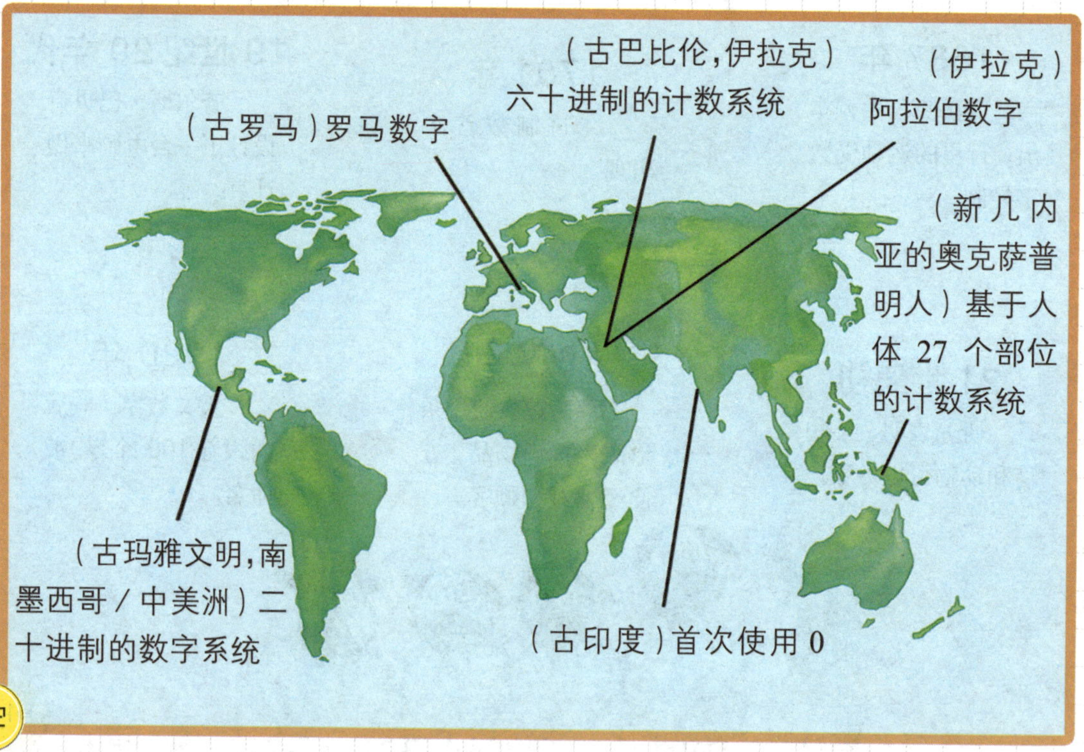

（古罗马）罗马数字

（古巴比伦，伊拉克）六十进制的计数系统

（伊拉克）阿拉伯数字

（新几内亚的奥克萨普明人）基于人体 27 个部位的计数系统

（古玛雅文明，南墨西哥／中美洲）二十进制的数字系统

（古印度）首次使用 0

导 读

数字，淘气的小字符
You Wouldn't Want to Live Without Numbers!

你有多喜欢数字呢？你喜欢玩数字游戏吗？也许当你不得不做数学家庭作业时，你就不那么喜欢数字了，但是离开它们真的很难。没有数字，你就不仅仅是做错智力测试题，或者玩游戏失败了。

想象一下，如果你不能计数、测量任何东西，不能精确计算时间、距离或者价格，生活将会遇到许多麻烦：你不知道自己年龄多大，或者不知道还要多久才能放假；我们不能准确地建造任何东西；没有电脑，没有确切的食谱；游戏或者比赛中没有分数……所以，你绝对不想离开数字！

什么是数字？

数字为我们提供一种表示数量的方式——多少、多长等，例如数字2、35、600000。我们用0~9中的单个数字组合起来，书写所有的数字。数字有很多不同的用途：我们用它计数、计算和测量东西，或者用作符号；数字也用在代码中。

一人一块，很公平！

数字有利于数东西，但是它们不能给你提供其他信息，例如尺寸或者质量。一个大东西和一个小东西一样吗？如果你只是计算个数，就是一样的！

一个人漂流到荒岛上，也许他会用数字计算自己被困在岛上多久了！

数字，淘气的小字符

我觉得5和7是绝对真实的。

测量。一些东西不能被计数，例如时间、距离和速度，所以我们要测量它们。

我们利用**电话号码和车牌号**的数字来识别它们——每部电话和汽车都有不同的编号。

数字是真实的吗？

数字和数学是天生就有的还是人类发明的，这是哲学家们长期争论的话题。这很重要吗？你觉得呢？

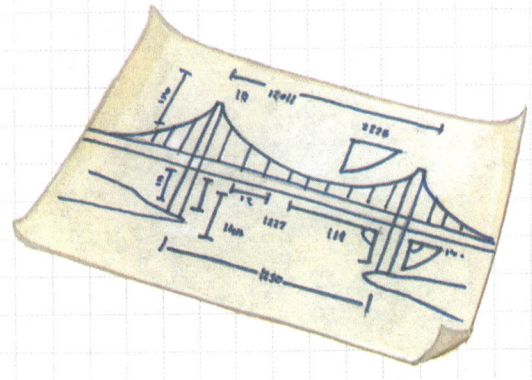

我们在很多工作领域都用**数字计算**，例如科学研究和艺术创作。这些精确的计算也能保护我们的安全，比如在建筑工程等方面。

身边的科学

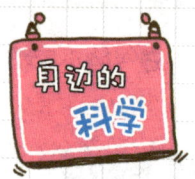

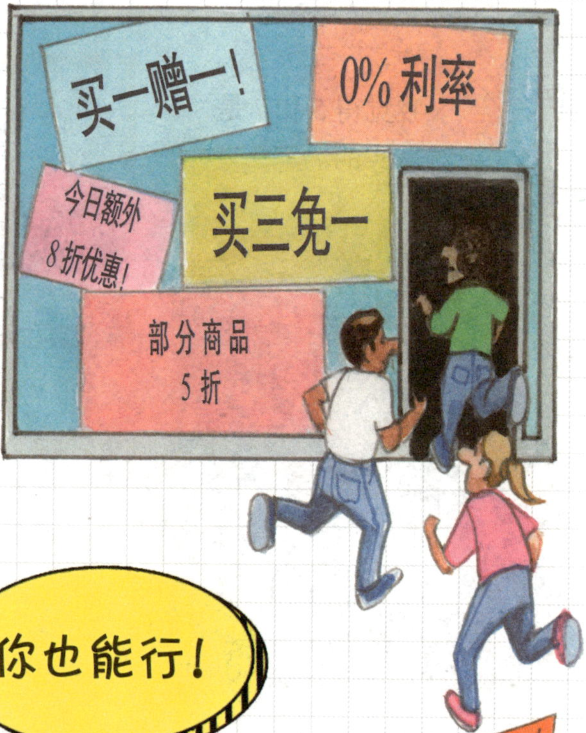
买一赠一！
0%利率
今日额外
8折优惠！
买三免一
部分商品
5折

交易。买卖东西、完成交易，这些都离不开数字。价格、利率、折扣是我们买卖东西时常遇到的概念，它们都依赖数字。

代码和标签。在商店里，任何东西上的条形码都代表一个数字。这个数字是一个特别的代码，代表商店里这个物品是什么。

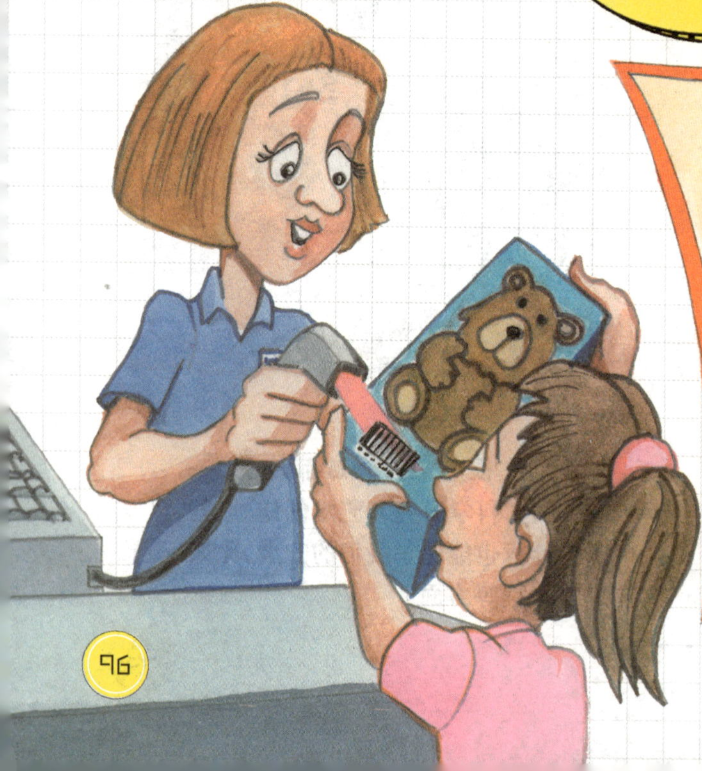

你也能行！

试着观察一天中你遇到的所有数字：从闹钟上的时间数字到麦片包装盒数，再到公交车时刻表。

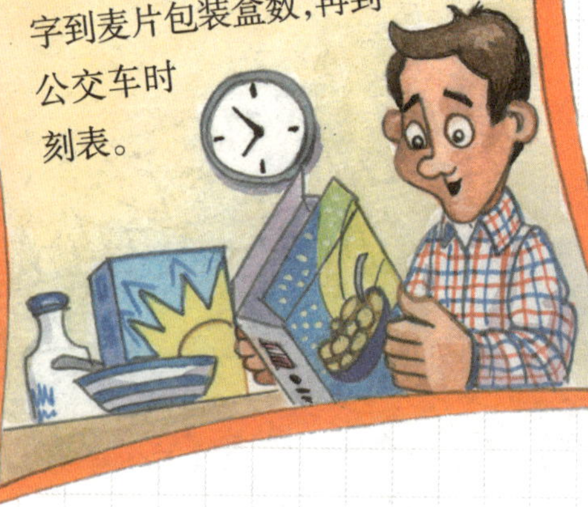

数字，淘气的小字符

数字可以相加吗？

在使用被命名的数字之前，人们使用标签计数。用标签计数是将物品进行一对一配对，一种物品代表另一种物品。想象一下，如果你是一个牧羊人：你可能用鹅卵石来给羊计数。每数一只羊，就扔一块鹅卵石到壶里，那么羊是不是都在，就显而易见了。如果还剩下几个鹅卵石，则表明丢了几只羊。用标签计数是记录物品数量的好方法。

如果**标签数量和物品数量**不同，你就不能计数，也不知道有多少羊丢失了，或者还要找回多少只羊。

给数字命名。这意味着你可以不用石头、棍子、手指或其他东西来计数了。

> 另一只羊，另一个鹅卵石……

身边的科学

不用数,你就经常可以看出这一群东西是不是比另一群多。甚至一些动物也可以做到这一点。狮子只会攻击小的狮群,如果遇到大的狮群,它们会躲开。

手指计数有点像标签计数,你不需要其他东西,每根手指等同于一个物品。你可以伸出五根手指代表你有五只鸡。

一些鸟,还有鬣狗、黑猩猩、鱼以及青蛙其实也有数数的本领。例如,鸟可以知道它们的幼鸟是否丢失了。

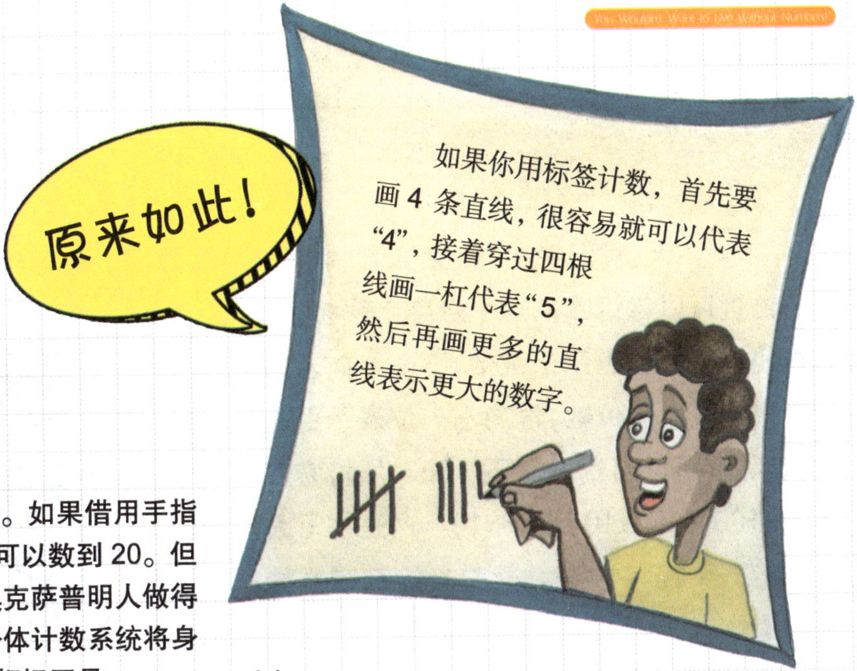
原来如此！
如果你用标签计数，首先要画 4 条直线，很容易就可以代表“4”，接着穿过四根线画一杠代表“5”，然后再画更多的直线表示更大的数字。

从头到脚。如果借用手指头和脚趾头，你可以数到 20。但是新几内亚的奥克萨普明人做得更好，他们的身体计数系统将身体的 27 个部位都标了号。

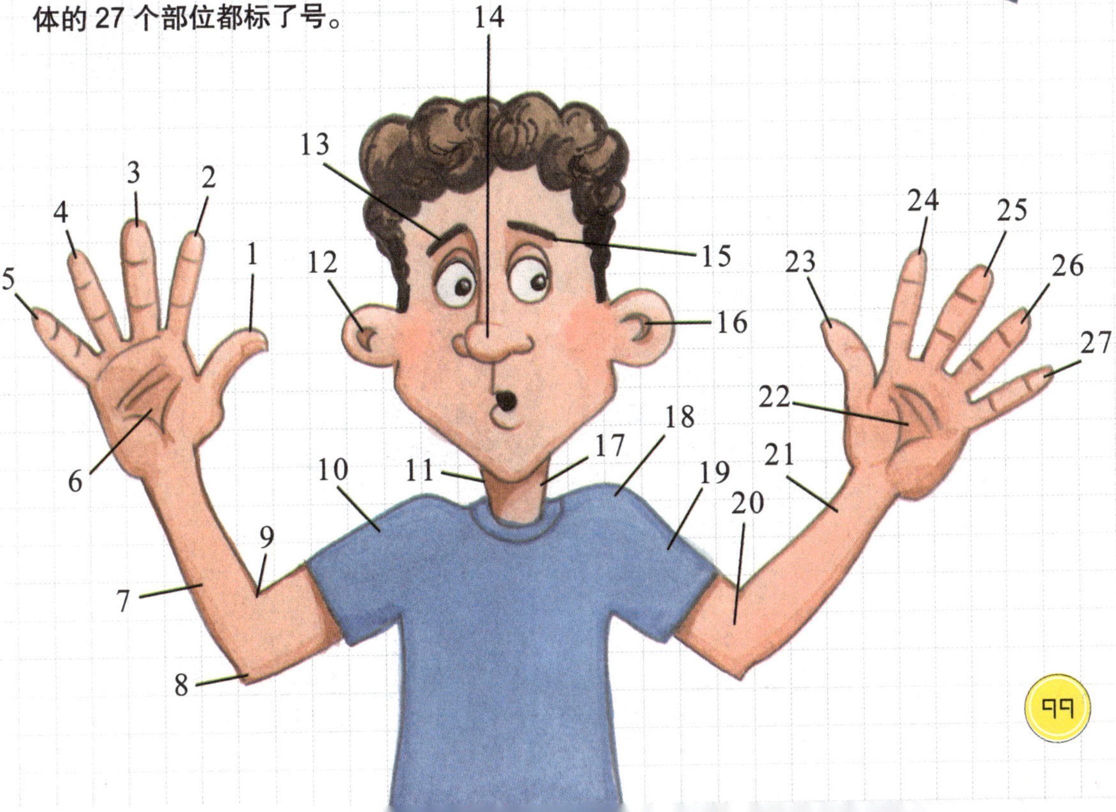
1
2
3
4
5
6
7
8
9
10
11
12
13
14
15
16
17
18
19
20
21
22
23
24
25
26
27

数字从哪里来？

今天，我们使用"位置价值"系统来书写数字。这意味着，每个计数单位的位置可以告诉我们这个数字"值"多少：右边的计数代码表示个位数，下一个向左的计数代码表示十位数，再向左一位表示百位数，等等。所以当我们写下"653"时，它表示（6×100）+（5×10）+（3×1）。这是书写大数字的一个简单方法。某些老的数字系统更难操作。

今天我们使用的数字 0~9 起源于古印度，之后被中东地区以及北非地区的阿拉伯数学家使用。

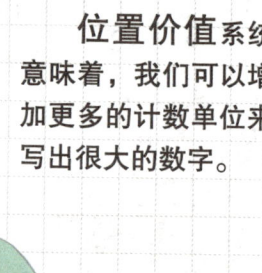

位置价值系统意味着，我们可以增加更多的计数单位来写出很大的数字。

数字，淘气的小字符

罗马人用字母表示数字：I（1），V（5），X（10），L（50），C（100）和M（1000）。他们需要重复使用I，X，C和M，所以II=2，III=3，VII=7(5+2)，XXXI=31等。为了缩短数字，他们使用了其他技巧：IV=(5-1)=4，IX=(10-1)=9。这可能相当复杂。

很长的乘法运算。 想象一下，你要用罗马数字做加法，这可不容易。

为什么这么难？

欧洲人一直使用罗马数字。直到1200年，数学家里昂纳多·斐波那契将阿拉伯数字引入意大利。尽管这使得数学变简单了，但直到15世纪，阿拉伯数字才真正流行起来。

身边的科学

数字没有尽头，是无穷的。我们可以继续书写更大的数字，甚至可以写一个大到宇宙中不代表任何东西的数字。

你也能行！

试着用罗马数字书写你的生日，例如日—月—年。

早期的数字系统不会在数字后面使用"0"。这使我们很难区别4和40，或者6和600。这多令人费解！

不！是1，不是10！

10 是多少?

我们用十进制的数字系统计数。也就是说,我们先从 0 数到 9,然后表示十位数时,我们用一列新的数字(它们的十位数为 1),重新使用同样的计数单位来数更大的数字(10,11,12……),数到 19,我们再增加十位数上的数字(十位数变成 2),并且个位数从 0 开始(20)。可能我们使用十进制的数字系统是因为我们有十根手指。但这也不是唯一的计数方式,任何数字都可以作为基准。

假设外星人使用七进制的数字系统,那么人类宇航员与他们在书写数字上可就难以达成一致了。宇航员会说这儿有 16 个鸡蛋,而外星人则会写成 22(2 × 7+2)。不管怎样,鸡蛋还是那么多,尽管写法不一样。

古巴比伦人使用六十进制的数字系统。今天你依然可以看到这些标志:我们将一个圆圈划分为 360 度(6 × 60),一小时划分为 60 分钟。

计算机经常使用十六进制的数字系统,因为这意味着它们可以用更小的空间存储更大的数字。10~15 则用字母 A~F 表示。

玛雅人使用二十进制的数字系统,用符号表示 1 和 5。

一位长着 7 个触须的外星人可能使用七进制（如下图）。他们可能从 0 数到 6，然后重新再来，数到 7 以上的数字时，十位数用 1，个位数用 0，所以"10"表示 7，"11"就是 7+1=8，"12"就是 7+2=9 等。到了 13 以后的数字，外星人又会把十位数上的数字增加为 2，所以"20"表示 13。

原来如此！

并不是所有的测量都是以十进制计数的。有很多老的测量单位就不是。例如，一英尺等于 12 英寸，一磅等于 16 盎司。

1，2，3，4，5，6，10！

如果你无法计数怎么办？

想象一下你打算买大米。你不会问店员要 4000 粒稻谷，然后等着他们帮你数，不是吗？用其他方式测量大米更容易，比如称重或者测量体积。或者你想为野炊买一些果汁时，又怎么办呢？你也不可能数果汁。当物品不能计数时，我们可以测量它们。我们可以测量任何连续性的东西，例如距离、液体；或者一些小东西，例如大米、沙子或面粉。许多食品店也用称重的方式来测量商品，比如坚果和糖果。

86，87，88……

同样的测量单位。 我们必须认同所使用的测量单位，这很重要。一个大桶和一个小桶的装载量肯定不同。如果使用不同的测量单位，我们也会争论不休。

谁的脚？ 测量单位要保持一致，这样我们才可以做对比。如果用一只脚来测量距离，那我们要选择用谁的脚——否则我们在测量的距离上难以达成一致。

一码通吃。 一个人在同一时间不可能存在于两个地方。所以用某人的脚测量东西，我们就要以他的脚为标准。用这只脚的复制品代替真实的脚，它就可以被人使用了。

数字，淘气的小字符

原来如此！

一些测量单位有大小两个版本。我们测量小虫有多少毫米长，但是测量地球到太阳的距离就要用数亿千米为单位了。

测量单位有很多，一些甚至很古怪。辣椒的辣度可以用史高维尔辣度单位（以美国药剂师威尔伯·史高维尔的名字命名，是他创立了这种测量方式）表示。

行程时间。我们如何测量变化中的东西？那就用耗费的时长测量走过的距离，而不用测量具体里程。

两天时间。

距离罗马多远？

107

让数字工作

有了数字，我们可以进行各种计算。当制作东西时，我们需要测量和计算距离、角度、面积和体积，以确保东西正好合适，且牢固、稳定、安全。工程师测量动力和压力，需要很多数字，以确保如火箭、飞机和汽车的复杂系统运行准确。一个微小的计算错误会导致系统不能工作，甚至引发灾难。所以，数字真的很重要！

发射！ 将火箭发射到太空除了最后的倒计时，中间还有很多工作需要用到数字。数字对确保火箭准确运行很重要。

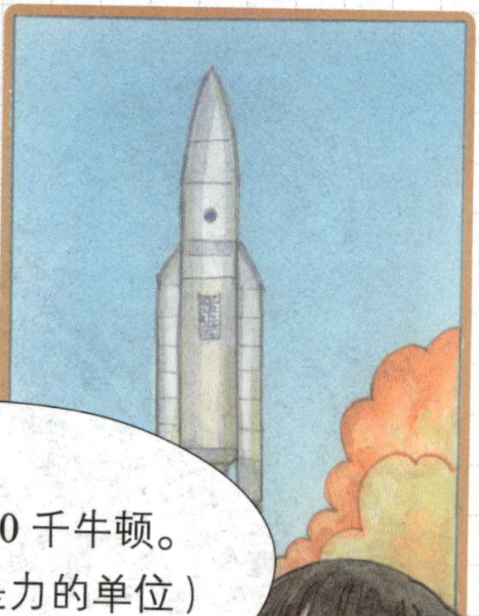

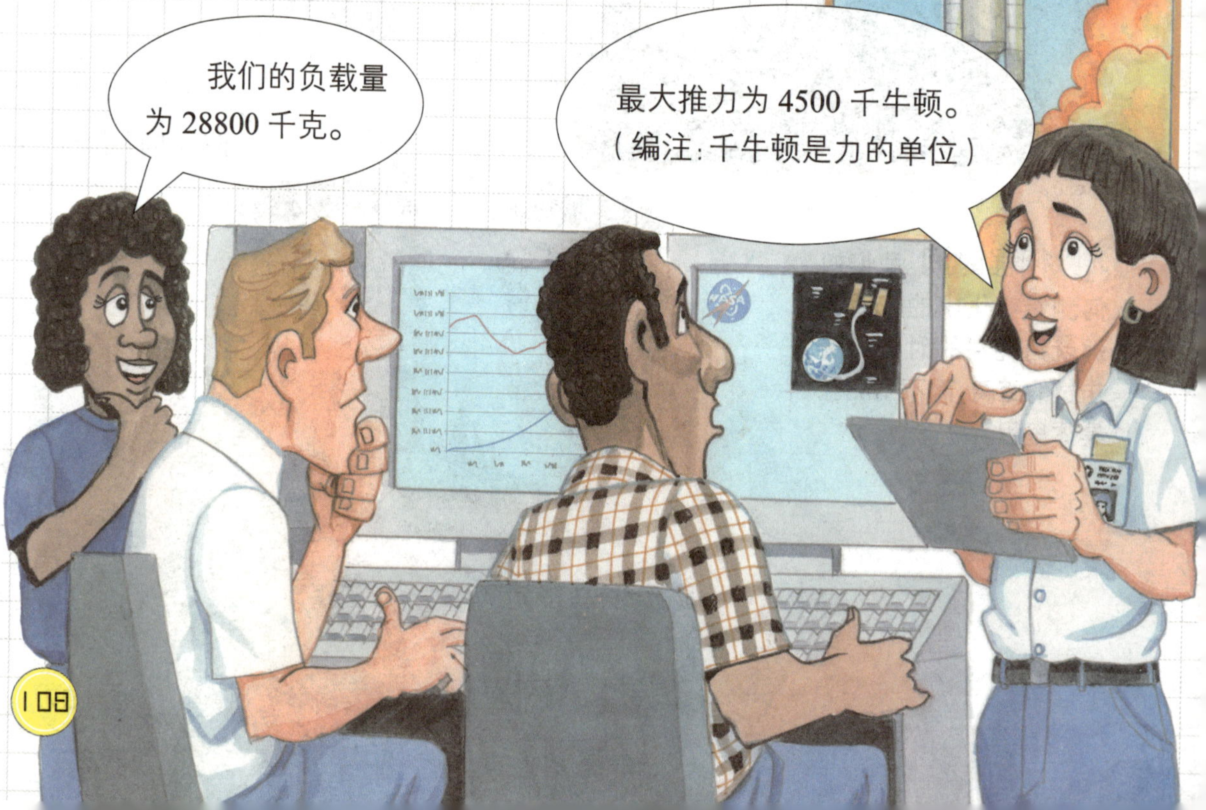

我们的负载量为28800千克。

最大推力为4500千牛顿。（编注：千牛顿是力的单位）

数字,淘气的小字符

当人们开始把土地私有化且圈地时,他们需要丈量土地。在古埃及,尼罗河每年都发生洪涝。每次洪涝以后,古埃及人都要重新测量田地。

预测未来。我们对事物在一段时间内的变化情况进行测量计算,以做出预测。了解到将会有很多大风暴,我们就会测量并关注气候变化的数据,为未来做规划。

密西西比河上的 I-35 桥在 2007 年倒塌了,是当时的工程师计算错误而导致桥不够牢固的。

身边的科学

我们如果测量一些事物的大量样本,就可以得出哪些现象属于常规,以及做出对未来的预测。我们可以得出样本的平均值,并且发现哪些情况是不正常的。

数字帮你比较事物。测量你的掌距,以及9个同学、朋友的掌距,其范围是多少?(从小到大排序)

原来如此!

高度

重量

拯救老虎

数字赋予我们改变事物的力量。通过计数以及比较一段时间内的数字变化,我们可以得出哪些动物处在危险当中,并采取措施拯救它们。

零以下的数

当你有实实在在的东西可以计数或者测量时,你就能计数和测量,但是如果没有这些东西呢?这时,负数就可以帮到你。这听起来很怪异,想想你借东西的情况。想象一下你从一位朋友那里借了一个橘子,并且吃了它。你答应第二天还给他一个橘子。可你没有橘子,还要送给别人一个橘子。言下之意,你就只有-1个橘子了。

如果你知道你本应该有 8 只羊,但是现在只能找到 5 只,你就在 0 以下的数轴上增加更多的羊,直到 8 只羊都满了。你会发现还有 3 只羊需要找回来。

身边的科学

如果人们借钱买东西，他们虽拥有了物品，但是身上的钱很快就是负数了，因为他们要偿还借的钱。

零以下。 当数字被用来指代一定的刻度时，它们经常延伸到 0 以下。温度计在测量很冷的温度时显示负数。

游戏结束。 在一些游戏中，你会因为犯错而丢分。如果不太擅长这个游戏，你还可能得负分，因为你的失分可能超过得分。

数字，淘气的小字符

重要提示！

你那里冬天有多冷？温度是负数吗？画一张表，标明在不同的温度段你要穿的衣服。

在一些国家，建筑中的地面层表示为0层，因为你既不用上楼也不用下楼。地面层以下的楼层算作负层，因为它们在0以下。

0 是数字吗？如果你什么都没有，有的只是0，那它还是一个数字吗？有很多东西都是你没有的，比如宠物大象、宇宙飞船、玩具小丑……

数字、代码和标号

数字的用途可远不止计数、测量和运算,尽管这些用途也很重要。它们也可以用作代码和标号。这时,它们就和数学没有任何关系了。数字用作代码再合适不过,因为它可以不停地增加。数字代码和标号,我们周围随处可见,从电视频道数字到房门号或者公寓号。

电脑代码。电脑将一切转化为由数字组成的代码。所以,无论你是用电脑写故事、看视频,还是编辑照片,它们都被转换成电脑里的数字。

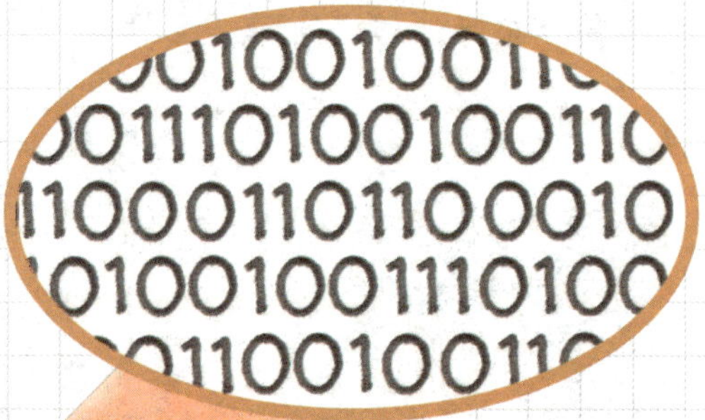

数字，淘气的小字符

电话号码不完全是任意数字。它们包括电话注册地的地区代码，或者电话所用的网络的代码。

在商品目录里，每一样东西都是用代码识别的，也会有可供扫描的条形码。数据库储存着关于这个物品的所有信息。

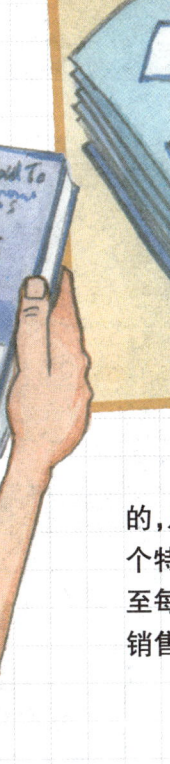

识别。许多东西都是通过数字识别的，从书籍到汽车。每一样东西都对应一个特殊的数字，也就是它的唯一代码。甚至每一本书都有它唯一的代码，以便图书销售商以及图书馆能识别它。

电视频道也是用数字识别的,它仅仅是一个代码。但是对于一个电视频道为什么对应这个数字而不是另一个数字,也没有确切原因。

重要提示!

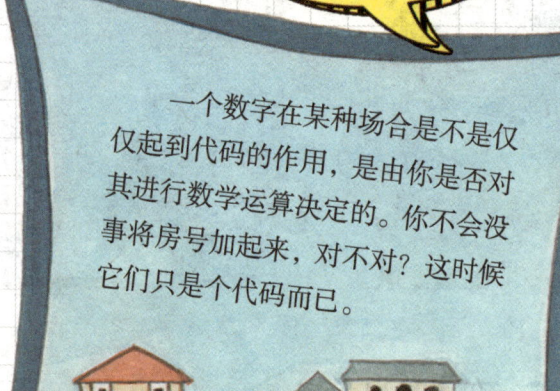

一个数字在某种场合是不是仅仅起到代码的作用,是由你是否对其进行数学运算决定的。你不会没事将房号加起来,对不对?这时候它们只是个代码而已。

彩色代码。有时候,数字看起来像代码,但实际上是一种计算方式。RGB(红、绿、蓝三色表示法)彩色对照表告诉电脑,需要混合多少红色、绿色以及蓝色才能在屏幕上呈现某种颜色。

你有时间吗？

数字，淘气的小字符

你几点起床？学校几点放学？你上课的时间有多长？下一班公交车几点到？你几岁？我们经常测量、谈论时间，也用数字来表示它们。数字不仅可以表示一天中的小时数，也可以表示一个月中的日期、一年中的日期。如果没有数字，我们很难记录时间，或者规划事情。没有数字，我们更难说清这一天我们做了什么、过去做了什么或者将来想做什么。

我的生日！

时间的准确安排。 赶校车、按照规定时间完成考试……时钟帮助我们记录什么时候该做某些事，什么时候该停止做某些事。

身边的科学

这也不是绝对的。一年实际上有 365.25 天。如果新的一年从半天开始算起,实在是不方便。所以,我们用闰年来补上时间差。

学校时刻表

	开始	结束
数学 课时长:45 分钟	9:00	9:45
历史 课时长:45 分钟	10:00	10:45
科学 课时长:1 小时	11:00	12:00

车站	学校	停车场
9:00	9:20	9:45
10:30	10:50	11:15
12:00	12:20	12:45
13:30	13:50	14:15

数字和时间。我们用数字表示时间,我们也可以用它们做运算。我们可以计算出时长(做一件事使用的时间)以及延长、中断的时间(通过增减时间)。

时刻表利用数字来显示某件事开始和结束的时间,或者火车以及公交车到达不同地点的时间。没有时刻表,你不能规划旅程。

数字，淘气的小字符

一年是指地球绕太阳公转一周的时间，一天是地球自转一周的时间。所以，一年有 365 天，这可不是人类的发明！

你多少岁？我们以年为单位计算岁数，并且用数字记录日期。没有数字，你怎么能知道自己多大年龄？

你也能行！

周末或学校放假时，你可以试着一整天不定闹钟、不看手表。饿了就吃，困了就睡。你会不会觉得很不习惯呢？

精确的数字带给我们安全

数字让我们做事更加精确。它们可以帮助我们计算出机会、可能性以及比例，大大减少生活中的风险和不可预测的事。我们用数字来设置限制、规定，来保证自己和他人的安全。

只有准确地运用数字，才能保证我们方方面面的安全：恰到好处，不多也不少。我们评估风险、预测结果，以便做出正确的决定。

医生为大人和小孩**计算**出不同的药剂量：太小了，你的病好不了；太大了，对你身体又有害。借助数字，医生可以保证药物用量准确。

准确的数字运用在很多方面都很有用。天气预报如果不用数字告诉我们温度，还能有什么更好的办法吗？

在这里会感到很暖和。

数字，淘气的小字符

数字和安全。 数字让我们设置限制、规定来确保安全。如果开车没有速度限制，或者电器没有安全限制，会怎么样呢？我们可能在傻傻地进行危险操作。

这值得吗？ 可能性帮助我们比较风险和收益。假如在一场比赛中，你有10%赢的概率，奖品如果是一辆自行车，绝对比一块巧克力让这场比赛更有看头。因为你一定会拼尽全力！

可能性有多大？ 可能性是指一件事发生的概率。如果你需要从一个装有1块黑色大理石以及4块白色大理石的包里挑出一块，那么你拿到黑色大理石的概率将是五分之一，即1/5。

比例指整个群体的一部分——这是一个分数。如果一个动物庇护所有 90 只狗，其中 30 只是棕色的，那么棕色狗的比例就是 30 ÷ 90，等于 1/3。

你可以根据比例，计算出数字。如果你知道班里 30 名同学中有一半都喜欢三明治，那么你需要 1/2 × 30=15 个三明治。没有数字，你会给得过多或者过少——也许还要打一场架！

重要提示！

可能性只是一种参考：它不可能明确地告诉我们将会发生什么。如果有 90% 的概率下雨，还是有可能不会下雨的。

数字并不需要我们

不论我们用不用数字,整个宇宙还是遵循数学规律的。大自然充满各种图案、成比例和对称的结构、形状,而这些我们都是用数字和数学来描述的。

即使我们停止使用数字,或者人类不再存在,自然规律还会一直存在,而且永远存在。

斐波那契数列

大自然中的数字。 数字在大自然中到处制作图案。其中,你很容易就可以发现的是"黄金螺旋",它分布在贝壳、植物和水果的表面。鹦鹉螺表面有明显的螺旋图案。如果你仔细观察菠萝表面或者向日葵种子的纹路,你会发现它们呈现同样扩大版的螺旋图案。

斐波那契数列是一串特殊的数字,存在于许多自然图案中,包括黄金螺旋。它是由斐波那契发现的。花瓣数也经常呈现斐波那契数字规律。

1,2,3,5,8,13,21,34

0+1=1   5+3=8
1+1=2   8+5=13
2+1=3   13+8=21
3+2=5   21+13=34

斐波那契数列是一串数字:1,2,3,5,8,13,21,34……。后面的数字是由它前面的两个数字相加得来的。

身边的科学

蜜蜂将蜂蜜储存在六边形蜂巢里。六边形非常坚固，在重压下也不会变形。

大自然喜欢对称。许多动物都像我们一样是两面对称的。如果你能沿着脊椎将自己对折，你的左右两半部分一定是对称的。

行星的运动是由太阳和其他行星间的引力控制的。艾萨克·牛顿于1687年发现行星运动规律，当然，在此之前的很长一段时间内，行星也一直正常运行着。

数字，淘气的小字符

宇宙万物的速度。宇宙万物有速度限制，没有什么比光速（299792458 m/s）更快。速度相当快的飞船也要花费很久，才能到达离它最近的行星。

雪花对称的方式很特别。它们是由特定部分环绕对称中心重复旋转六次而形成的图案。

你也能行！

自己动手，用纸制作对称的雪花吧。将一张圆形纸对折，然后再对折三次，在边角部分各剪出一个图案。最后打开，看看你做的雪花吧。

你想让数字离开你的生活吗？

我们的生活中到处是数字，甚至在一些我们看不到的地方、注意不到的地方也有数字。我们已经习以为常，所以很少认识到数字的重要性。

数字和计算对我们制作物品和操作事情很重要。没有数学中用到的数字，我们就不能建造安全的建筑物或者机器；我们就不能规划时间、使用金钱、拥有电脑或者理解科学。你的生活绝对离不开数字！

如果我们不能测量时间，安排任何事情都很困难。但是人们在时钟发明之前就已经成功安排约会了。

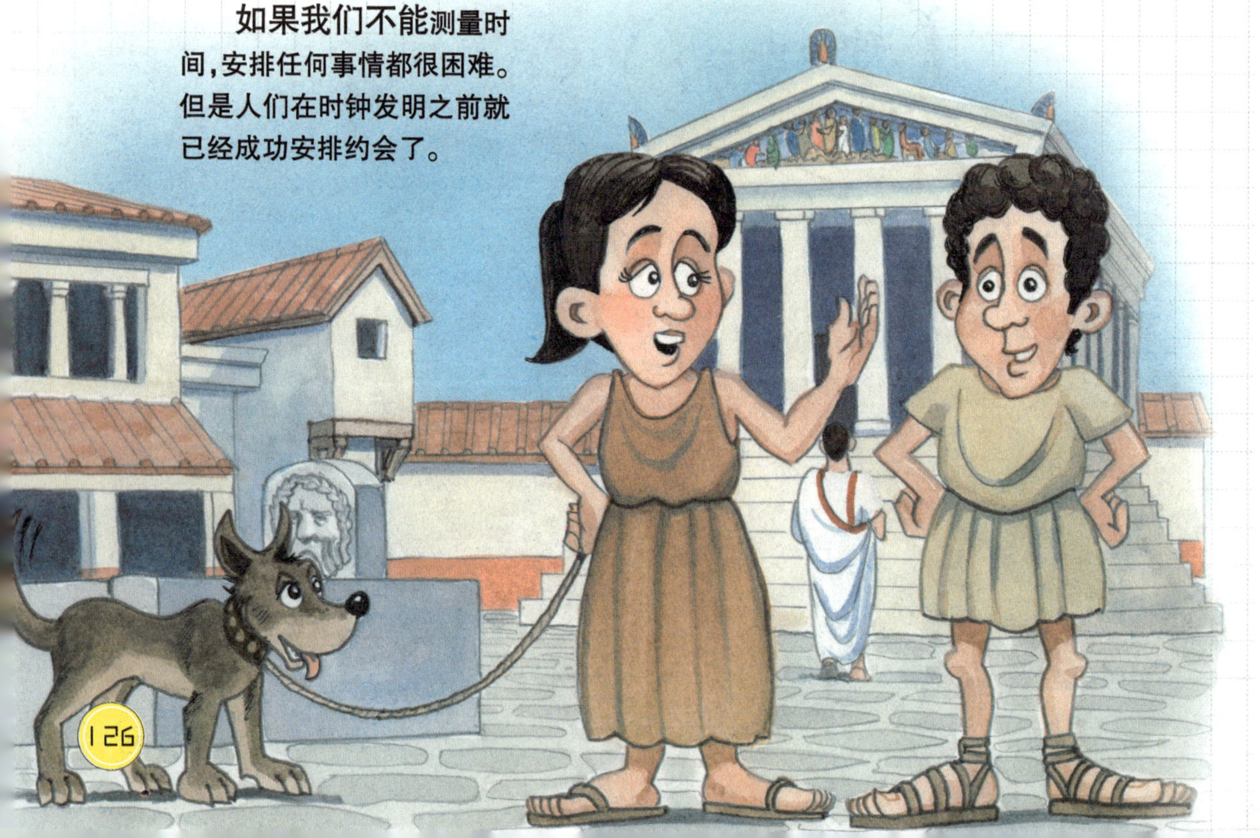

数字，淘气的小字符

数字帮助我们保证安全。没有数字，我们不能精确地做任何事情，例如汽车、公交车可能不能正常工作，建筑物可能倒塌。

让我们做交易！如果没有数字帮我们标明价格，我们当然也可以物物交换，即用我们已有的东西交换我们想要的东西。但这个方法不是非常有效，如果没有人想要你所提供的东西怎么办？

如果我们遇到**外星人**,他们也许有完全不同的数字系统以及计数方式,也可能用不同的方式表达相同的规律。但是无论如何描述,宇宙中的规律还是相同的,因为我们同属于一个宇宙。

想象一下,如果没有数字,我们将得不到哪些东西?设计、制作、检测东西以及运作,对这些我们已经习以为常的事情,数字都很重要。

术语表

Architect 建筑师 设计诸如房屋和桥梁的人。

Babylonian 古巴比伦人 住在巴比伦古城(大致在今天的伊拉克)的人。巴比伦文明在约3500年前被摧毁。

Database 数据库 储存在电脑里的数据组(源信息),按不同顺序分类,方便搜索。

Digit 数字 单个数字,0~9。

Discount 打折扣 降低商品的价格(出售)。

Engineer 工程师 能够完成某一专业技术的设计、施工工作的人。

Interest rate 利率 利息和本金的比率。借款人偿还本金,再加上一定数量的钱,可能是他每年总欠款额的5%或者10%,多还的这部分叫"利息",是由借款的行为产生的费用。

Interval 间隔 两件事之间跨越的时间。

Leap year 闰年 这一年2月有29天。在大部分非闰年中,2月有28天。

Mayan 玛雅人 与中美洲地区的玛雅文化相关。玛雅数字系统在3000年前被首次使用。玛雅文明500年前被摧毁。

Negative number 负数 小于零的数。通过在数字前加"—"表示。

Number line 数轴 它是一条规定了原点、正方向和单位长度的直线。数轴通常以0为原点。数字从原点向右为正数,从原点向左为负数。数轴可以用来帮助我们计算。

Numeral 数码 它由一列单个数字组成,例如43891和5139。

Place-value system 位置价值系统 一种书写数字的系统,它根据构成数字所

在的位置，赋予其价值。在位置价值系统中，末位的数字（最右边）代表个位数，向左数下一位为十位数，接着下一位为百位数……

Prediction　预测　一种关于某些人渴望发生某事的言论，这些言论经常基于计算或者其他形式的证据。

Probability　可能性　某事发生或不发生的概率，通过十进制小数表示，大小在0~1之间，或者用百分比表示。

Proportion　比例　一个群体的一部分，表示为一个分数或者一个百分比。

Symmetry　对称　指图形或物体在大小、形状和排列上具有一一对应关系，如人体、船、飞机的左右两边都是对称的。

Tally　标签计数　这是一种用物体计数、制作记号代表某种物体或某件事的计数方法，例如被困者通过在荒岛洞穴的墙上做记号，记录他被困在岛上的每一天。

关于数字的奇妙事实

无限大

数字没有尽头。它们会一直延续下去。"无限大"是我们用来形容数字大到数不过来的词。但是不仅仅只有一个无限大,你也可以从零往下不停地数,这是"负无限大"。每两个整数之间,都有无限个分数。这足够令你头晕眼花。

相当大的数字

十亿、兆是相当大的数字,还有一些更巨大的数字,例如 googol 与 googolplex。"googol"是 1 后面跟着 100 个零(写作 10^{100}),而"googolplex"是 1 后面跟着 googol 个零(写作 10^{googol})。"googol"是由 9 岁的米尔顿·塞勒塔于 1920 年发明的。他是数学家爱德华·凯斯纳的侄子。

萨冈数字

在可观测的宇宙中,星星的数量就是著名的"萨冈数字",这是以宇航员卡尔·萨冈的名字命名的。问题是我们不知道到底有多少星星。这个数字首次被命名时,它被认为是 10^{22}。2010 年,这个数字已经上升到 300000^7——变大了太多!

奇妙的算数

一些数字运算很有趣:
111111111 × 111111111
    =12345678987654321
和 12+3-4+5+67+8+9=100。

最佳计数工具

如果只用手指计数和计算,你数不了很多,甚至加上脚趾头也帮不上多少忙,所以人们使用了很多计算工具。

算盘　算盘是一种计算工具,一木框中嵌有细杆,杆上串有算盘珠,在不同列移动珠子,可以进行算术运算。大约4000年前,我们就开始使用各种不同设计的算盘了。

计数板　可以用卵石、沙子里的水滴或者木板制作一些像算盘一样的简单的东西,它们叫作"计数板"。我们不知道最早是什么时候开始使用它们的。

结绳　结绳是用打结的绳子制作的计数工具。粗绳子被细绳子缠绕着,然后有颜色的绳子绕着悬挂的绳子,在其周围打结。所以它看着像缠绕的稀疏的穗子。这种方法被南美洲的印加人使用,但是我们不能准确地知道如何使用它,因为印加人没有用文字记载。

计算器　法国数学家布莱斯·帕斯卡于1642年制作了首个机械计算器,但是直到1851年它才首次被投入生产并出售。20世纪60年代,首个电子计算器被使用。现在很难想象,如果没有这个小电子玩意帮助我们做计算,生活会是怎么样。无论是电脑、计算器或智能手机,它们都能起到相同的作用。

你知道吗？

标准化测量很难实现,除非你已经有标准了。很久以前,人们使用掏空的葫芦来测量体积。为了比较不同葫芦的大小,他们将葫芦装上种子,然后数它们能装多少种子。

如果你想数到 100 万,每秒数出一个数字,每天数 12 小时,需要 23 天以上。但是如果你想数到 10 亿,这需要 63 天以上！

用来表示小数的小数点是新事物。以前,数字的小数部分是通过画一道杠表示的。在法国,一个逗号被用来表示小数点(例如 34,5)。

在美国和英国,同样名称的测量单位实际上表示不同的数量。在美国,1 品脱(pint)等于 473 毫升,但是在英国等于 568 毫升。还有更复杂的,在美国,你测量像水一样的液体,或是像沙子一样的颗粒,也有不同的单位。1"干品脱"(dry pint)约等于 551 毫升。

当说到大数字时,我们使用很多模糊的词表示,比如"很多""许多""极大量"。有时,我们甚至难以准确地使用精确的数字:"几打"不总是表示几个"12",尽管"1 打"是"12"的另一种说法(英文单词"dozen"表示"12 个""1 打")。

致谢

"身边的科学"系列丛书幸得众多小朋友的集思广益,获得了受广大读者欢迎的名字。在此,特别感谢郑悦、沈伊宸、杨丙乾、陈伊一、史一扬、高语果、郭晁颗、柴佳霖、赵汗青、李政瑶、刘芸熙、黄培风、李康乔、薛涵童、薛潜晰、夏骞和、苏子涵、汤婉宁、王语泽、王玥涵、刘铠烁、杨昊哲、黄静书、王雨澄、朱小萱等小朋友。

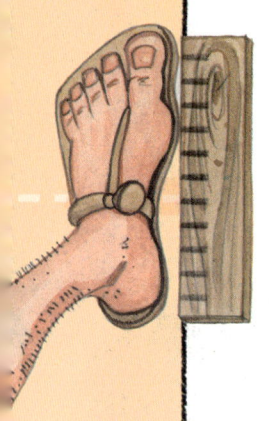